MUSÉE

DE

PEINTURE ET DE SCULPTURE,

OU

RECUEIL

DES PRINCIPAUX TABLEAUX,

STATUES ET BAS-RELIEFS

DES COLLECTIONS PUBLIQUES ET PARTICULIÈRES DE L'EUROPE,

DESSINÉ ET GRAVÉ A L'EAU FORTE

PAR RÉVEIL,

AVEC DES NOTICES DESCRIPTIVES, CRITIQUES ET HISTORIQUES,

PAR DUCHESNE AINÉ.

———

VOLUME IX.

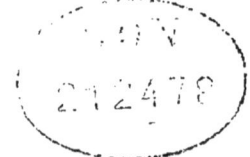

———

PARIS.

AUDOT, ÉDITEUR,

RUE DES MAÇONS-SORBONNE, N°. 11.

———

1830.

PARIS. — IMPRIMERIE ET FONDERIE DE FAIN.
Rue Racine, n°. 4, place de l'Odéon.

MUSEUM

OF

PAINTING AND SCULPTURE,

OR

COLLECTION

OF THE PRINCIPAL PICTURES,

STATUES AND BAS-RELIEFS

IN THE PUBLIC AND PRIVATE GALLERIES OF EUROPE,

DRAWN AND ETCHED
BY RÉVEIL:

WITH DESCRIPTIVE, CRITICAL, AND HISTORICAL NOTICES
By DUCHESNE Senior.

VOLUME IX.

LONDON:

TO BE HAD AT THE PRINCIPAL BOOKSELLERS

AND PRINTSHOPS.

1830.

PARIS. — PRINTED BY FAIN,
Rue Racine, nº. 4, place de l'Odeon.

NOTICE

SUR

BARTHÉLEMI VANDER HELST.

Barthélemi Vander Helst naquit à Harlem, en 1613. On ne connait pas son maître ; il n'a jamais été en pays étranger. Pendant long-temps il mena une vie déréglée ; enfin il se maria très-tard à une jeune femme, et eut un fils qui fut lui-même bon peintre de portraits.

Barthélemi Vander Helst avait fixé sa demeure à Amsterdam ; c'est au Musée de cette ville que se trouvent maintenant ses deux plus beaux tableaux. Peints dans une grande manière, les figures en sont bien dessinées, et les vêtemens remarquables par la vigueur et la vérité de la couleur ; les accessoires sont faits avec tant de perfection, qu'ils peuvent véritablement faire illusion.

Un tableau du Musée de Paris porte la date de 1655. On ignore l'année de la mort de Vander Helst.

NOTICE

OF

BARTHÉLEMI VANDER HELST.

Barthélemi Vander Helst was born at Harlem in 1613. It is not said who was his master; he has never been in a foreign country. For a long time, he carried on a debauched life; in short he married at a ripe age a young woman, by whom he had a son who became a good painter of portraits.

Barthélemi Vander Helst had settled at Amsterdam; it is at the Museum of that city that are now seen his two handsomest pictures. Painted in a great beautiful manner, the figures are extremely well drawn, and their garments are remarkable for their vigour and true coloring; the accessories are performed with such a perfection, that really they may be said to produce an illusion.

A picture of the Museum at Paris bears the date of 1655. We are not acquainted with the year of the death of Vander Helst.

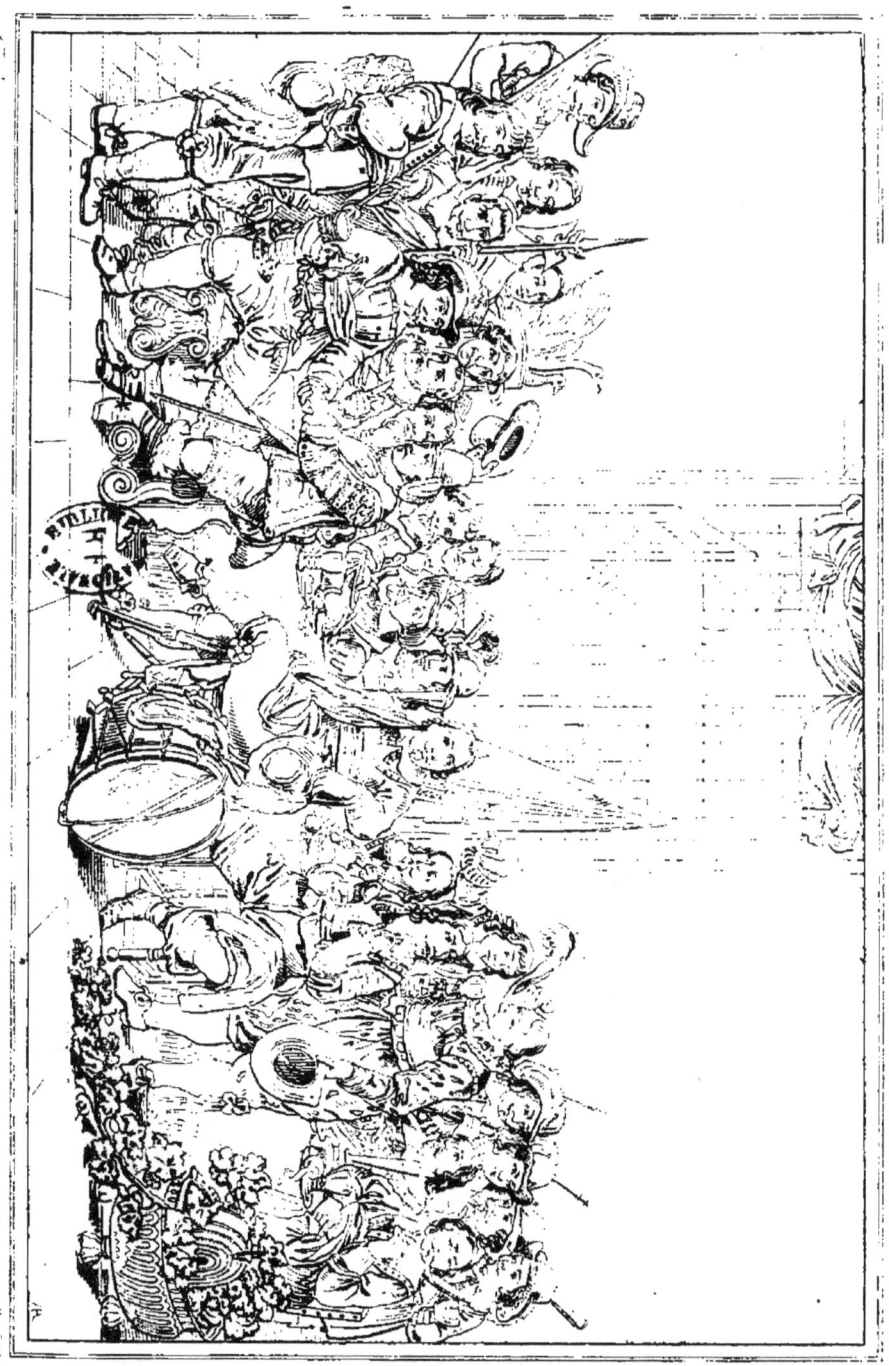

GARDE CIVIQUE D'AMSTERDAM.

Toute l'Europe était en guerre depuis vingt ans, lorsque, voulant enfin ravoir la paix, on réunit en 1641, des plénipotentiaires de toutes les puissances pour arriver à un traité général. Les protestans se tenaient à Osnabruck et les catholiques à Munster. Après des conférences nombreuses et remplies de difficultés, le roi d'Espagne reconnut enfin la souveraineté des Provinces-Unies et renonça, pour lui et ses successeurs, à toutes ses prétentions sur ce pays.

La garde civique d'Amsterdam, sous la présidence du capitaine Witz, célébra cet événement mémorable, par un repas où assistèrent les principaux personnages de la ville.

Barthélemy Vander Helst, alors âgé de 35 ans, fut chargé de perpétuer le souvenir de cette réunion, et son ouvrage est d'une si grande beauté, qu'il est considéré comme un des chefs-d'œuvre de l'école hollandaise. Composition, couleur, harmonie, expression, tout est bien, tout est parfait. Van Dyck et Rubens n'auraient pu réussir à faire mieux. Il faut voir cet admirable tableau pour juger le point auquel peut s'élever la peinture.

Ce tableau était autrefois à l'Hôtel-de-Ville d'Amsterdam, dans la chambre du tribunal ; il est maintenant placé dans la plus grande salle du Musée, en face du tableau de Rembrandt, désigné sous le nom de la Garde de Nuit, et donné sous le n°. 603.

On ne connaît d'autre gravure de ce tableau que celle faite par Patas.

Larg., 20 pieds ? haut., 15 pieds ?

THE AMSTERDAM CIVIC GUARD.

The whole of Europe had been at war for twenty years, when at last, willing to restore peace, plenipotentiaries from every power were assembled, in 1641, to settle a general treaty. The protestants conferred at Osnaburg, and the catholics at Munster. After numerous and difficult discussions, the King of Spain, at length recognised the United Provinces, and renounced, for himself and his successors, all claims over that country.

The Amsterdam Train-Bands, under the presidency of Captain Witz, celebrated this memorable event by a banquet, at which the principal persons of the town attended.

Bartholomew Vander Helst, then 35 years old, was commissioned to perpetuate the remembrance of this meeting, and his work is of such great beauty that it is considered as one of the masterpieces of the Dutch School. The composition, colouring, harmony, expression, all are good, all are perfect. Van Dyck and Rubens could not have better succeeded. This admirable picture must be seen, to judge to what a degree painting may be carried.

This picture was formerly in the Judgment Hall of the Amsterdam Mansion House : it is now in the largest room of the Museum, facing Rembrandt's picture, known under the name of the Night Guard, which, has been given in this work, n°. 6o3.

No other engraving of this work is known but the one by Palas.

Width 11 feet 3 inches ? height 15 feet 11 inches ?

651.

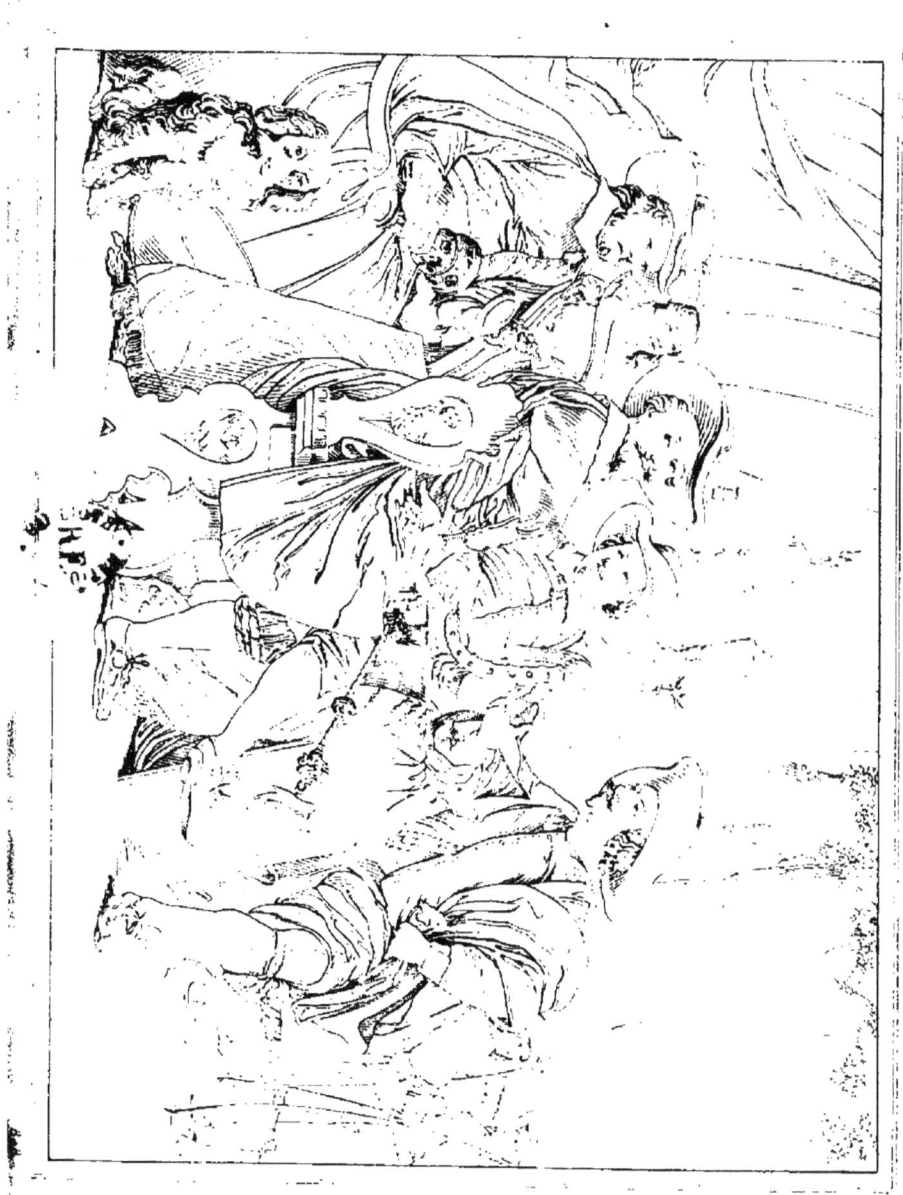

BOURGMESTRE

DISTRIBUANT LE PRIX DE L'ARC.

Nous voyons encore quelquefois, dans les campagnes, des prix de tir au fusil; mais autrefois il existait dans un grand nombre de villes des confréries, des compagnies, ou des sociétés qui s'exerçaient à tirer de l'arc, de l'arbalète, ou de l'arquebuse. Ces corporations avaient des statuts, des officiers et souvent un roi, qui était celui auquel avait été décerné le prix; son règne durait une année.

Ces sociétés ont souvent fait placer dans leur salle d'assemblée les portraits de leurs chefs, ou bien quelques traits historiques relatifs à leur réunions. Le peintre Barthélemy Vander Helst a représenté dans ce tableau quatre personnages assis autour d'une table. On le désigne ordinairement sous le titre de *Bourgmestres distribuant le prix de l'arc*. Nous serions plus disposés à croire que celui qui tient un sceptre surmonté d'un oiseau est le roi des archers, attendant le moment de remettre à son successeur le symbole de sa royauté.

L'exécution de ce tableau est large, malgré son extrême fini. Les vêtemens sont tous noirs, cependant ils forment un effet très-harmonieux avec le fond et les draperies que l'on voit à gauche. Les vases d'orfévrerie, qui doivent servir de prix, sont peints avec un soin et une vérité tout-à-fait remarquables. Sur l'ardoise qui est au milieu, on lit : *Bartholomé Vander Helst*, 1655.

Ce tableau peint sur bois est dans la grande galerie du Musée, il a été très-bien gravé par Ulmer.

Larg., 2 pieds 2 pouces; haut., 1 pieds 7 pouces.

R.   4.   808.

BURGOMASTER

DELIVERING THE PRIZE OF THE BOW.

We still sometimes witness shooting-matches in our villages; but formerly there existed, in many cities, fraternities, or companies, for the exercice of shooting with the bow, the cross-bow, or the arquebuse. These corporations had their statutes and officers, and often a King, who was always the person that obtained the prize, and whose reign lasted one year.

In the halls where they assembled, they often placed the portraits of their chiefs, or pictures commemorating some historical anecdote of their meetings. In that before us the artist, Bartholomew Vander Helst, has represented four persons seated round a table : the piece is commonly designated by the title of the Burgomasters bestowing the Prize of the Bow; but we rather incline to consider the person who holds the sceptre surmounted by a bird, as the King of the Archers, waiting the moment, when he is to resign the symbol of royalty to his successor.

The execution of this picture is broad, notwithstanding its minute finishing. The dresses are black, yet harmonize perfectly with the back-ground, and the draperies on the left. The vases of jewelry destined for the prizes, are painted with extraordinary care and truth. On the slate in the centre is written *Bartholome Vander Helst*, 1655.

This picture is on wood : it is in the great Gallery of the Louvre, and has been engraved by Ulmer.

Width, 2 feet 3 inches ; height, 1 foot 8 inches.

808.

NOTICE

SUR

DAVID RYCKAERT.

David Ryckaert naquit à Anvers en 1615. Élève de son
père qui portait aussi le nom de David, on les a quelquefois confondus ensemble. Le jeune Ryckaert s'appliqua d'abord
à l'étude du paysage ; mais voyant les succès des ouvrages de
Teniers, d'Ostade et de Brauwer, il se détermina à faire des tableaux de même genre, qui eurent du succès et lui furent
d'autant mieux payés, qu'il améliora son coloris qui d'abord
était un peu trop gris. Plus tard il prit l'habitude de peindre des scènes de pillage, de meurtre et de combat entre
des militaires et des paysans.

Ryckaert employa une partie de sa fortune à former un
superbe cabinet de tableaux. Généralement estimé, il eut
de nombreux protecteurs parmi lesquels on compte l'archiduc Léopold-Guillaume d'Autriche, grand amateur des arts.

Nommé directeur de l'Académie d'Anvers en 1651, il ne
quitta jamais cette ville et y mourut, à ce que l'on croit, en
1670.

NOTICE

OF

DAVID RYCKAERT.

David Ryckaert was born at Anvers in 1615. A pupil to his father, who was also named David, they have often been taken the one for the other. The young Ryckaert at first applied himself to the study of landscape, but being a witness to the success of Teniers, Ostade and Brauwer's paintings, he resolved drawing pictures in the same kind, in which he greatly succeeded, and was paid for them so much the better, as he improved his colouring which at first was rather too dark. He afterwards contracted the habit of describing plundering, murdering, and fighting scenes between soldiers and peasants.

Ryckaert spent part of his fortune in forming a splendid cabinet of pictures. Being generally esteemed, he had a great many protectors, among whom was the Archduke Leopold Guillaume d'Autriche, a great lover of arts.

In 1651 he was named director of the Academy of Anvers, which town he never left; it is thought he died in 1670.

FÊTE DE VILLAGE.

David Ryckaert, peintre flamand, était fils d'un autre peintre qui portait aussi le nom de David, mais dont les tableaux sont peu recherchés. David Ryckaert le fils peignit d'abord le paysage; mais bientôt, à l'imitation de Teniers, il plaça dans ses tableaux des figures pleines d'esprit et de sentiment.

On voit ici une réunion nombreuse telle que peut l'offrir une fête de village. Le mérite des tableaux de cette nature consiste principalement dans l'effet et dans la couleur. Cependant on peut voir dans cette composition des groupes gracieux et de la plus grande vérité.

Le peintre s'y est représenté au milieu, assis devant une table et dessinant. Il paraît prendre un croquis du groupe de danseurs qui occupe la droite. Près du peintre est un vieillard à grande barbe, qui tient des lunettes à sa main, et semble porter son attention sur le groupe. On peut penser, avec quelque raison, que c'est le père de l'artiste. Du côté gauche sont des dames, causant avec un cavalier qui revient de la chasse.

Ce tableau fait maintenant partie de la galerie de Vienne; il a été gravé par Prenner.

Larg., 5 pieds 6 pouces; haut., 3 pieds 10 pouces.

639.

⋙•⋘

A VILLAGE FESTIVAL.

David Ryckaert, a Flemish artist , was the son of a painter named also David, but whose pictures are very little sought after. David Ryckaert Junr. at first painted landscapes, but soon, like Teniers, he introduced in his pictures figures full of spirit and feeling.

The beholder is here presented with a numerous assembly such as a village festival might offer. The merit of this kind of pictures lies chiefly in the effect and colouring : yet this composition contains graceful groups and great fidelity.

The artist has represented himself in the middle, sitting before a table and drawing. He appears to be sketching a group of dancers on the right hand side. Near the painter is an old man with a long beard, holding his spectacles, and whose attention is seemingly attracted by the group : he may reasonably be supposed the artist's father. On the left hand side are some females conversing with a man on horseback , just returned from hunting.

This picture now forms part of the Gallery of Vienna · it has been engraved by Prenner.

Width 5 feet 10 inches; height 4 feet 1 inch.

PILLAGE.

Nous avons vu sous le n°. 639 un tableau de David Ryckaert ; il représentait une des scènes de gaieté si fréquentes dans les fêtes de village. Ici nous ne voyons que désolation. Les événemens de la guerre viennent de mettre un village à la disposition de l'ennemi. Le peintre a retracé toutes les espèces de désordres qui accompagnent ordinairement ces malheureux instans.

A droite est une maison assez bien bâtie, et qui sans doute va devenir le quartier-général. Près de là un officier supérieur paraît écouter les réclamations de plusieurs femmes, l'une d'elle est à genoux avec son enfant et demande la liberté des prisonniers que l'on voit attachés à la queue du cheval de l'officier.

De l'autre côté du tableau on voit de nombreux bagages et quelques bestiaux enlevés aux paysans. Le milieu offre quelques scènes de débauche ; dans le fond on voit des soldats, frappant et tuant ceux qui veulent leur résister.

Ce tableau fait partie de la galerie de Vienne.

Lar., 5 pieds 6 pouces ; haut., 3 pieds 10 pouces.

652.

PILLAGING.

A picture by David Ryckaert was given under n°. 639, representing one of those scenes of gaiety so often met with in village festivals. In the present one nothing but affliction is seen. The fortune of war has put a village at the enemy's mercy. The artist has delineated every kind of disorder usually attending such unlucky moments.

On the right hand is a respectable looking house, which no doubt is to become the head quarters: near the same spot, is a superior officer who appears to listen to the prayers of several women one of whom, with her child, is on her knees, begging for the release of the prisoners who are tied to the tail of the officer's horse.

The left hand side presents baggage and cattle taken from the peasants. The middle represents some riotous scenes; in the back-ground, soldiers are seen striking and killing those who make any resistance.

This picture forms part of the Vienna Gallery.

Width 5 feet 10 inches; height 4 feet 1 inch.

NOTICE

GABRIEL METZU.

Gabriel Metzu naquit à Leyde, en 1615. On ignore quel fut son maître, mais on doit croire qu'il étudia les ouvrages de Gérard Dow et de Terburg, puisque comme eux il fit des tableaux tout-à-fait remarquables par un fini précieux, qui pourtant ne nuisait en rien à la justesse de l'effet. Supérieur à Miéris. Metzu mit plus de goût que lui dans le choix de ses sujets, son travail paraît plus facile et son dessin plus correct. Sa couleur approche de celle de Van Dyck.

Metzu se fit remarquer par toutes les qualités qui distinguent un homme de bonne société; mais ses travaux furent interrompus par sa mauvaise santé; il fut opéré de la pierre, en 1658, âgé de 43 ans, et mourut à Amsterdam sans doute peu de temps après, mais sans qu'on en connaisse l'époque précise.

NOTICE

OF

GABRIEL METZU.

Gabriel Metzu was born at Leyden in 1615. It is not known who was his first master; but he is presumed to have studied the works of Gerard Dow and Terburg, as some of his pieces like theirs, are remarkable for exquisite finish, without injury to the effect. He was superior to Mieris, and displayed more taste in the choice of his subjects, as well as greater facility of execution and correctness of design; his colouring approaches that of Vandyck.

His labours were frequently interrupted by ill health: in 1658, at the age 43, he submitted to an operation for the stone, and died at Amsterdam, probably soon after, though the precise time of his death is not known.

In social life, Metzu was distinguished by every quality that marks the gentleman.

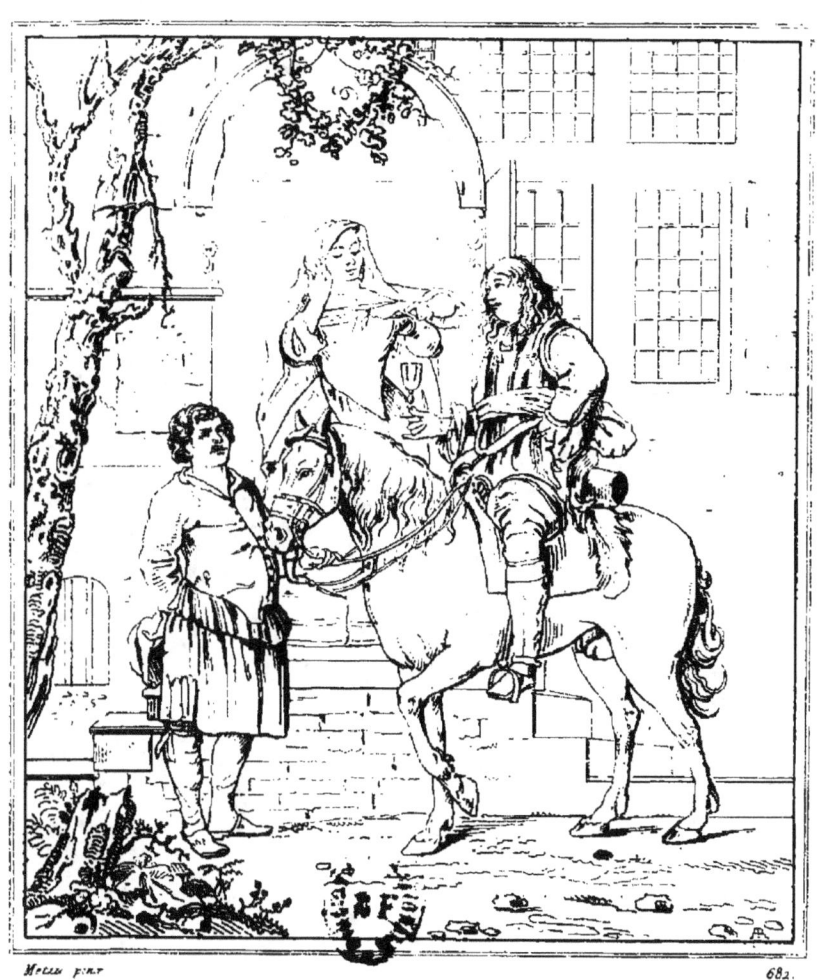

CAVALIER A LA PORTE D'UNE AUBERGE.

682.

TRAVELLER HALTING AT AN INN.

Gabriel Metzu was the rival of G. Dow and of Terburg, and like them has painted familiar scenes only and of small dimensions : he was also remarkable for a bright colouring and a very high finish which he attained however without injuring the effect of the light and shade.

Nothing can be more simple than the subject of this picture. A traveller stops at an inn, the hostess pours him out a glass of beer, which he intends to drink without alighting; but the ostler, hoping to benefit from the traveller's generosity, has taken hold of the horse's bridle, that the rider may be more at his ease.

This picture has been painted with the greatest care : it was formerly at Amsterdam, in M. Lubbeling's Collection. About the year 1792, it was purchased by M. Le Brun, who then sold it for 6000 franks, L. 250. It is now in the Marquis of Stafford's beautiful Collection at Cleaveland-House. It has been engraved by C. F. Le Tellier.

Height 2 feet 1 ¼ inch; width 1 foot 8 inches.

682.

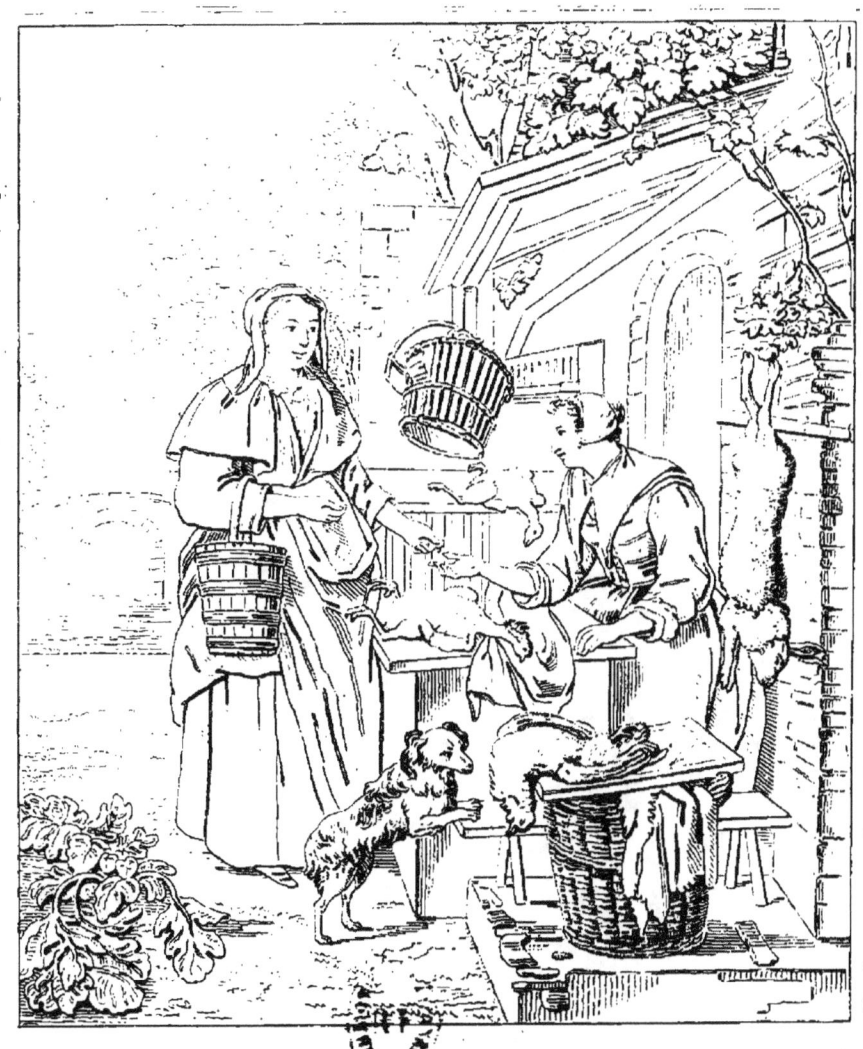

MARCHANDE DE VOLAILLE.

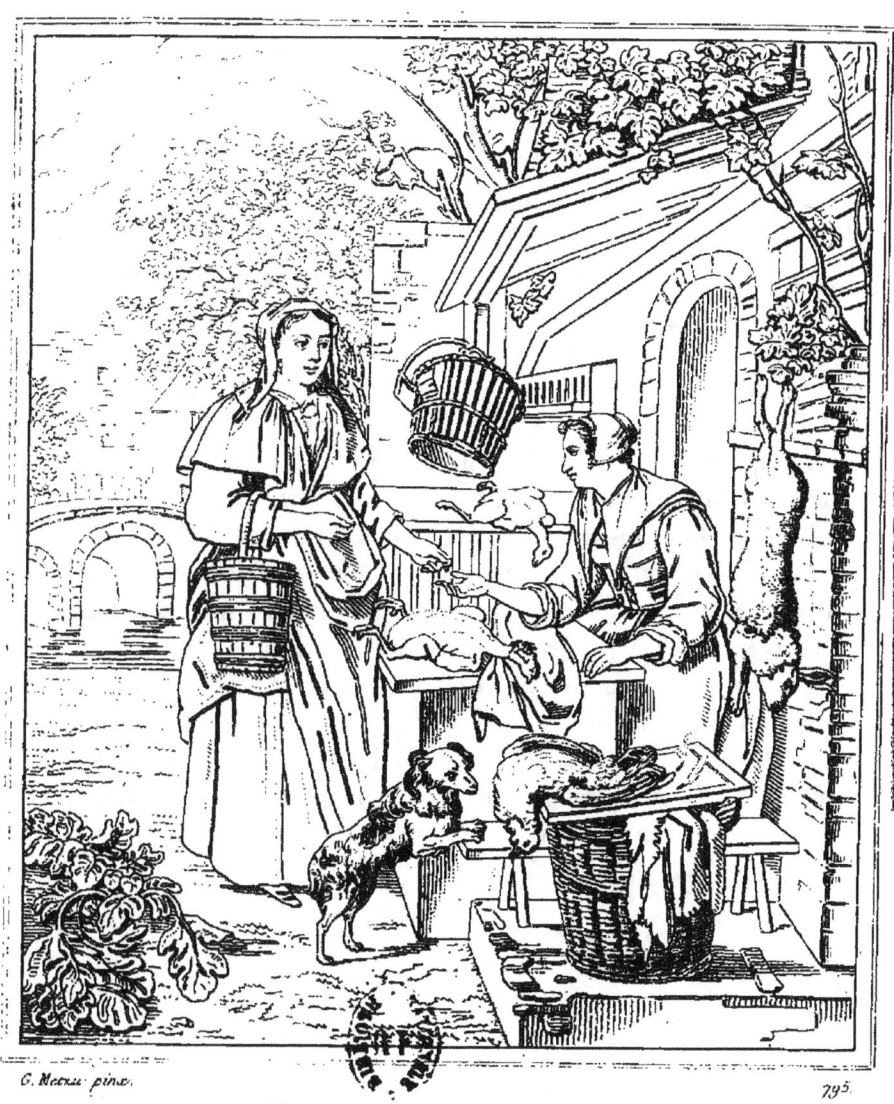

G. Metsu pinx.   795.

MARCHANDE DE VOLAILLE.

MARCHANDES DE VOLAILLES.

Rien n'est plus simple et plus naïf que cette scène, où deux femmes causent ensemble. L'une est une marchande de volailles, l'autre une cuisinière, qui paie le prix de la pièce qu'elle vient d'acheter. Elle porte à son bras un petit seau de bois blanc dont on se sert habituellement en Hollande en guise de panier pour aller à la provision.

En publiant un tableau de Metzu, on peut donner à ce maître les mêmes éloges qu'à Gérard Dow, Mieris et Terburg. On trouve dans ses ouvrages une exécution brillante, une touche large, et un fini précieux, puis une intelligence extraordinaire pour placer d'une manière harmonieuse les couleurs les plus tranchantes ; mais on pourrait désirer d'y trouver une connaissance plus parfaite de la perspective. La distance du pont et des maisons, vus dans le fond, n'est pas motivée. La vérité des détails placés sur le devant, la pose du chien, et on peut dire son expression, sont d'une perfection tout-à-fait étonnante.

Ce tableau, peint sur bois, venait de la galerie de Cassel, lorsqu'on l'a vu à Paris dans la grande galerie du Louvre ; il a été gravé par Dambrun.

Haut, 1 pied 2 pouces ; larg., 1 pied.

WOMAN SELLING POULTRY.

Nothing can be more simple and natural than this scene, of two women talking together. One of them is a dealer in poultry, and the other, a cook-maid, who is paying the price of the article she has just bought : on her arm hangs one of those little buckets of white wood, which are customarily used, in Holland, in place of market-baskets.

In publishing a picture of Metzu, we owe him the same praise which we have already bestowed upon Gerard Dow, Mieris and Terburg : his works are characterised by brilliant execution, freedom of pencil, and careful finish; and also by extraordinary art, in blending harmoniously the most strongly contrasted colours. They sometimes lie open to criticism, with regard to perspective ; in the one before us, for example, the distance of the bridge and houses in the back ground, is not sufficiently accounted for : the truth of the details in the foreground, particularly the attitude and *expression* of the dog, are astonishingly perfect.

This picture was brought from Cassel when seen in the Louvre : it is painted on wood and has been engraved by Dambrun.

Height, 1 foot 3 inches ; width, 1 foot.

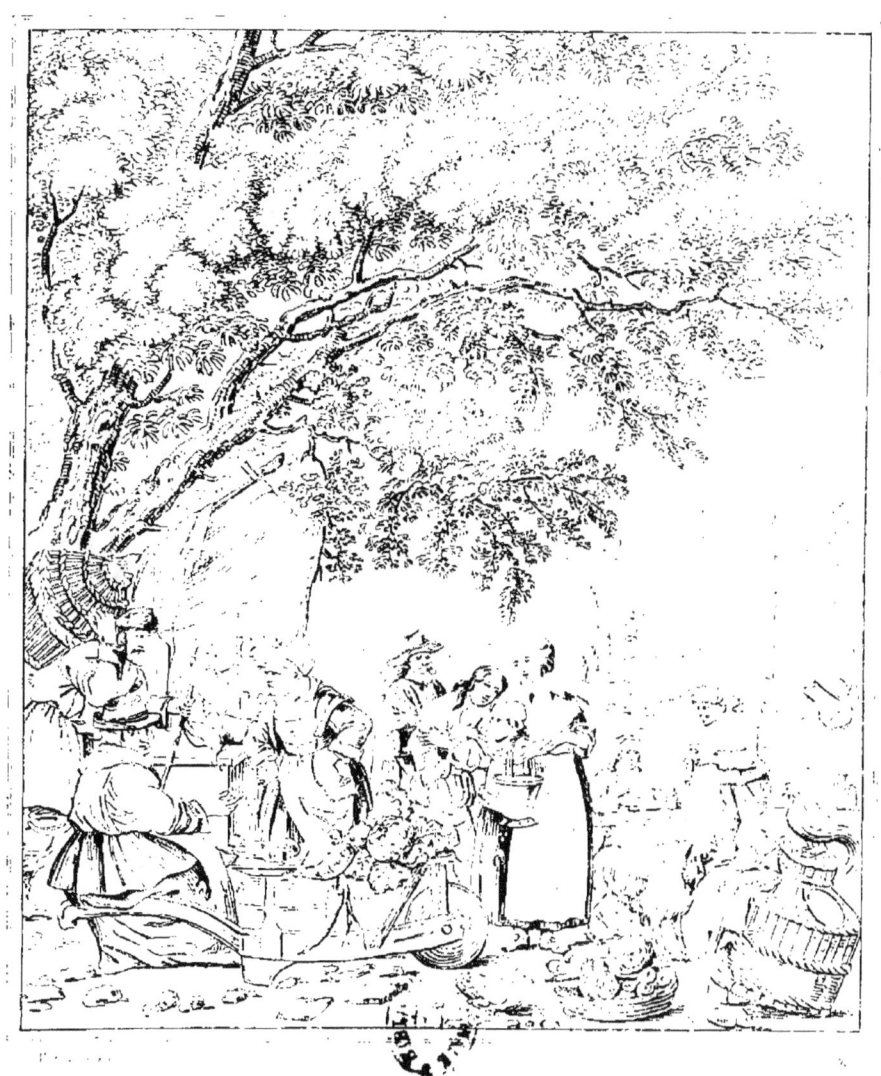

MARCHÉ AUX HERBES D'AMSTERDAM.

Les tableaux de Metzu n'offrent ordinairement qu'une ou deux figures ; en en mettant ici un plus grand nombre, le peintre n'a montré aucun embarras pour la manière de les grouper, et l'on peut admirer le mouvement qui règne dans ce marché ; la vérité d'expression des personnages et le fini précieux avec lequel tout est traité dans cette précieuse peinture.

Peut-être acquerrera-t-il encore du prix, aux yeux de certaines personnes, lorsqu'elles sauront qu'il décorait l'appartement, de la célèbre madame Geoffrin, et qu'à sa vente il fut payé vingt-huit mille francs.

Le graveur David a fait une grande estampe d'après ce tableau. Il a été gravé ainsi par Niquet, pour le musée Filhol.

Hauteur, 3 pieds ; largeur, 2 pieds 7 pouces.

꘍•꘎

THE HERB-MARKET OF AMSTERDAM.

Metzu commonly introduces only one or two figures in his pictures ; but he seems nowise embarrassed in disposing the numerous group that animates this scene, and the life and motion of the market, the varied expression of the persons, and the exquisite finish of the whole work, are truly admirable.

These merits will perhaps acquire additional lustre, in the eyes of some persons, from a knowledge of the fact, that this picture adorned the apartment of the celebrated Mme. Geoffrin, and, at the sale of her effects, was disposed of for 1120 pounds (28,000 francs).

The engraver David has executed a large plate of it : it has also been engraved by Niquet, for Filhol's Museum.

Height, 3 feet 2 inches ; width, 2 feet 8 inches.

NOTICE

sur

GOVAERT FLINCK.

Govaert Flinck naquit à Clèves, en 1616. Son père, trésorier de la ville, le destinait au commerce; mais, à la prière de Lambert Jacob, peintre et ministre du saint Evangile, il consentit à le lui confier. Le jeune Flinck cependant ne tarda pas à se distinguer, et il était déjà en état de faire de bons ouvrages lorsqu'il entra dans l'atelier de Rembrandt. Il chercha alors à imiter la manière de ce maître, il la saisit même au point que plusieurs de ses ouvrages ont été confondus avec ceux de son maître. Malgré le succès qu'il eut dans cette imitation, il cessa bientôt de s'y livrer et pensa qu'un travail plus fondu pouvait mieux rendre la nature.

Flinck fit plusieurs portraits, entre autres ceux du duc de Clèves et de l'électeur de Brandebourg; mais on assure qu'après avoir vu ceux peint par Van Dyck, il ne voulut plus s'adonner à ce genre, et qu'il renvoyait à Vander Helst les personnes qui s'adressaient à lui pour avoir leur portrait.

Intimement lié avec le bourgmestre Six, il avait été chargé de faire douze grands tableaux pour orner l'hôtel-de-ville d'Amsterdam; les esquisses étaient terminées lorsqu'il fut saisi d'une fièvre violente, et mourut au bout de cinq jours, âgé seulement de 44 ans.

NOTICE

OF

GOVAERT FLINCK.

Govaert Flinck was born at Cleves in 1616. His father
who was the City Treasurer, intended him for commerce;
but at the entreaty of Jacob Lambert, painter and minister
of the Holy Gospel, he consented to confide his son to him.
Young Flinck was not long before he distinguished himself,
and was already able to produce works of merit, when he
entered the study of Rembrandt. He then endeavoured to
imitate the stile of this master, he even copied it so closely,
that many of his productions have been confounded with
those of this master. Notwithstanding the success he met
with in this imitation, he soon ceased devoting himself to
it, and considered that a stile better directed, would
more closely resemble nature. Flinck painted several portraits, amongst others, those of the Duke of Cleves, and the
Elector of Brandenbourg, but they say, that after having
seen those of Van Dyck, he would no longer follow that
branch, and that he sent those persons who addressed
themselves to him for portraits, to Vander Hels.

Intimately acquainted with the Burgo-master Six, he had
been directed to paint twelve large pictures to ornament
the Guild-hall of Amsterdam, the sketches of which were
finished, when being seized with a violent fever, he died
at the expiration of 5 days in the 44th. year of his age.

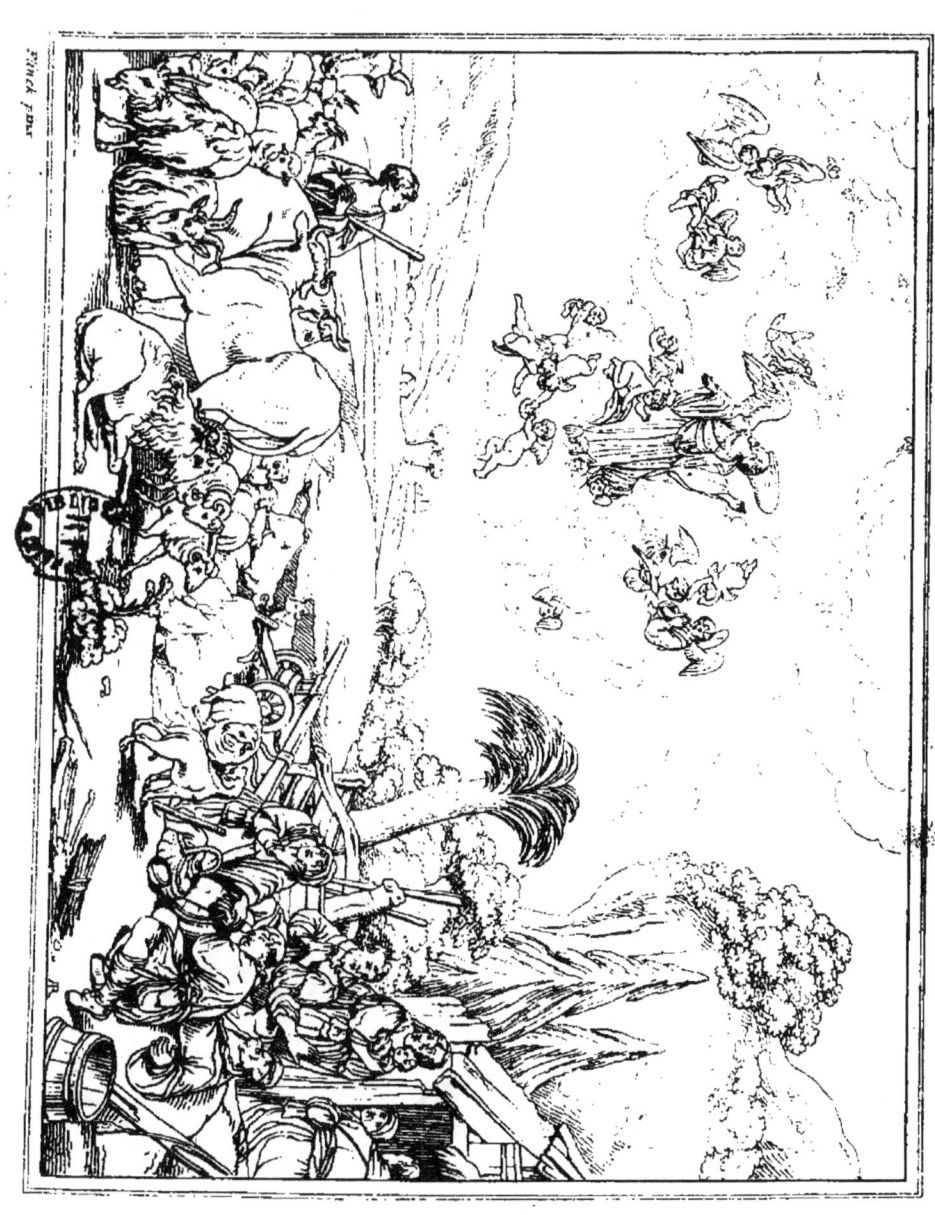

L'ANNONCE AUX BERGERS.

A l'instant de la naissance de Jésus-Christ, Dieu la fit connaître à des bergers qui gardaient leurs troupeaux dans les environs de Bethléem. Une vive lumière se manifesta dans le ciel au milieu de la nuit, et son apparition subite répandit la terreur parmi les animaux et les hommes : mais l'ange du Seigneur rassura les bergers et leur dit d'aller à Bethléem adorer le Christ. En même temps se joignit à cet ange une multitude de la milice céleste, louant Dieu et disant : « Gloire à Dieu au plus haut des cieux, et paix sur la terre aux hommes de bonne volonté ! »

Une scène d'un effet aussi pittoresque devait convenir au talent de Rembrandt et à celui de Flinck, l'un de ses élèves ; aussi ont-ils fait l'un et l'autre une annonce aux bergers : mais quoiqu'il y ait quelque ressemblance entre leurs tableaux, ou y remarque aussi de grandes différences. La composition de Rembrandt offre plus de chaleur, celle de Flinck plus de richesse ; l'une est plus expressive, l'autre plus gracieuse. Le coloris du tableau de Flinck ne représente pas d'oppositions aussi brillantes que celles qui se trouvent dans le tableau de Rembrandt, mais on y voit avec plaisir de l'harmonie et de la finesse. Parmi les animaux, règne un tumulte qui rend parfaitement l'effet de la peur. L'expression de leurs gardiens, montre bien l'étonnement mêlé d'un sentiment religieux. Les figures sont bien groupées ; elles sont toutes remplies de naïveté, et leurs traits ont une sorte de noblesse à laquelle Rembrandt s'éleva quand il le voulut, mais qu'il chercha rarement.

Ce tableau a été gravé par Longhi.

Larg., 6 pieds ; haut., 5 pieds.

567.

THE ANNUNCIATION
TO THE SHEPHERDS.

As the moment of the birth of Jesus Christ, God manifested it to some shepherds who were tending their flocks by night, in the neighbourhood of Bethlehem. The glory of the Lord shone round about them and they were sore afraid, as were also the cattle, but the angels said unto the shepherds : « Not to fear, but to go to Bethlehem, and adore Christ the Lord. » And suddenly there was with the angel a multitude of the heavenly host praising God, and saying : « Glory to God in the highest, and on earth peace, good will toward men. »

A scene of so picturesque an effect, was well adapted to Rembrandt's talent, and also to Flinck's, one of his pupils : therefore both have painted the Annunciation to the Shepherds. But although there is some resemblance in their pictures, still there are also great differences. Rembrandt's composition offers more warmth, Flinck's more richness ; the one is more expressive, the other more graceful. The colouring of Flinck's picture does not present such brilliant contrasts as those in Rembrandt's, but its harmony and delicacy are highly pleasing. Among the animals there reigns a tumult which perfectly expresses the effect of fear. The expressions of the keepers display correctly, astonishment blended with religious feelings. The figures are well grouped : they are full of nature, and their features have a species of grandeur that Rembrandt reached when he wished, but which he seldom sought.

This picture has been engraved by Longhi.

Width, 6 feet 4 inches; heigth, 5 feet 4 inches.

567.

SOLDATS JUDÉA XIX 183

SOLDATS JOUANT AUX DÉS.

Elève de Rembrandt, Govaert Flinck fit un grand nombre de tableaux fort estimés. Comme son maître il sut rendre les effets piquans et vrais, mais sa peinture est moins heurtée, souvent même elle est très-finie.

On voit ici deux militaires jouant aux dés : tandis que deux autres les regardent. Il est facile de voir que celui qui tient les dés dans sa main a déjà gagné, et qu'il ne craint pas les coups du sort. Son adversaire au contraire semble très-inquiet ; sa physionomie parait annoncer qu'il ne lui reste plus d'autre argent que celui qui est sur la table ; ce pourrait donc être le dernier coup de dés, si la chance lui est encore défavorable.

Ce tableau faisait autrefois partie de la galerie de Deux-Ponts : il est maintenant dans celle de Munich, il a été lithographié par F. Piloty.

Larg., 3 pieds 9 pouces; haut., 2 pieds 9 pouces.

H. 5. 934.

ᔕ◑ᖆ

SOLDIERS PLAYING AT DICE.

Govaert Flinck the pupil of Rembrandt painted a great many pictures which are in great estimation, though they possess true satire, his style is less offensive than that of his master and is often highly finished.

Two soldiers are here represented playing at dice, whilst two others, are looking on. We may easily perceive that he who holds the dice in hand has already gained, and that he is not afraid of what may turn up. His adversary on the contrary seems very uneasy, his countenance seems to infer, that he has no more money than what is on the table, and that this may be the last throw, if fortune be still unfavourable to him.

This picture was formerly part of the gallery of Deux Ponts, it is now in that of Munich, and has been engraved on stone by F. Piloty.

Breadth, 3 feet 11 ½ inches; height 2 feet 11 inches.

NOTICE

SUR

PHILIPPE WOUWERMANS.

Philippe Wouwermans naquit à Harlem en 1620. D'abord élève de son père, il reçut ensuite des leçons de Wynants. Quoiqu'il ait fait quelquefois de simples paysages, il a peint plus habituellement des chasses, des foires de chevaux, des attaques de cavalerie; aucun peintre ne l'a surpassé dans ce genre. Sa couleur est excellente; il règne dans ses tableaux beaucoup d'harmonie et une parfaite entente du clair-obscur, ses devans, comme ses lointains et ses ciels, sont une imitation exacte de la nature. Ses compositions ont une noblesse que l'on trouve rarement dans les tableaux des peintres, vivant à la même époque, et particulièrement dans ceux de Pierre de Laer, qui jouissait d'une grande vogue, et qui reçut alors le nom de *Bamboche*, à cause de la manière habituelle dont il traitait ses sujets.

Les figures de Wouwermans sont toujours gracieuses; elles représentent ordinairement des personnes de distinction et d'une mise recherchée.

Malgré tout son talent, Wouwermans vécut dans la pauvreté. Ses tableaux étaient cependant estimés, mais toujours occupé dans ses ateliers sa modestie l'empêchait d'y mettre une grande valeur, et les marchands seuls profitaient du prix élevé auquel ils trouvaient à les vendre.

Philippe Wouwermans ne quitta jamais Harlem, sa ville natale, et il y mourut en 1668, âgé de 48 ans.

NOTICE

OF

PHILIPPE WOUWERMANS.

Philippe Vouwermans was born at Harlem in 1620. He was
at first a pupil to his father, and afterwards took lessons from
Wynants. Though he has sometimes done ordinary landscapes,
he usually painted hunting-matches, horse-fairs and cavalry-
attacks; no painter has ever been beyond him in this kind.
His colouring is excellent, there is in his pictures a great deal
of harmony, and a perfect skill of clear-dark; his fronts like
his deepenings and skies are an exact imitation of nature. In
his compositions, there is a nobleness not often to be seen in
the pictures of painters living at the same period, and particularly in those of Pierre de Laer who was then all in fashion,
and went by the name of *Bamboche* on account of the usual
way in which he treated his subjects.

Wouwermans' figures are always gracious; they generally
represent persons of distinctions elegantly dressed.

Wouvermans, notwithstanding his great talent, lived in a
state of poverty. His paintings were however esteemed, but
being always busy in his academies, his modesty prevented
him from setting a great value on them, whilst the picture-
dealers alone reaped all the benefit from the high price they
sold them at.

Philippe Wouwermans never left Harlem, his native city.
He died there in 1668, aged 48.

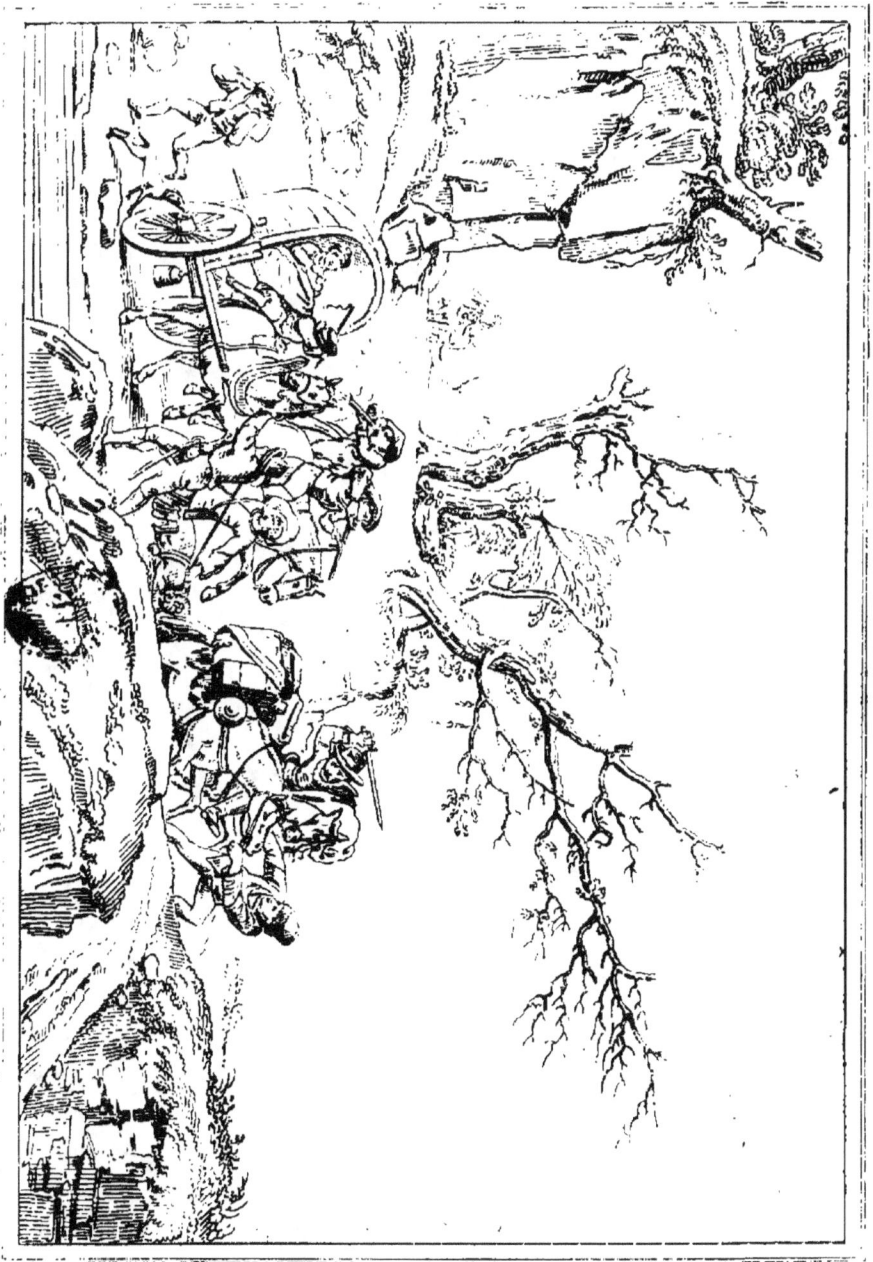

ATTAQUE DE VOLEURS

➤●◄

ATTAQUE DE VOLEURS.

On voit souvent dans les romans, des voyageurs attaqués sur une grande route par des bandes de voleurs armés, l'histoire en fait aussi mention, et parfois des voyageurs plus ou moins véridiques racontent de semblables aventures; mais on a peine à croire que des scènes de cette nature arrivaient fréquemment par toute l'Europe il y a deux cents ans, et que les voleurs étaient ordinairement d'anciens guerriers licenciés par des princes qui, après s'en être servi tandis qu'ils en avaient besoin, les renvoyaient sans récompenses et sans s'inquiéter de ce qu'ils pouvaient devenir.

La couleur de ce tableau est très harmonieuse, le ciel est d'un jaune de feu bien transparent, les figures sont dessinées avec soin, et le tableau est touché avec une extrême délicatesse ; mais le paysage est singulièrement composé, et si de semblables rochers doivent être la retraite ordinaire des voleurs, on peut s'étonner qu'une voiture ait pu y parvenir, et l'on comprend à peine comment elle pourrait être tirée d'un si mauvais pas.

Ce petit tableau, peint sur bois, fait partie de la galerie de Vienne; il a été gravé par J. Passini.

Larg., 1 pied 9 pouces; haut., 1 pied 3 pouces.

><•<

AN ATTACK BY BANDITTI.

We often read in novels of travellers attacked on the high road by bands of armed robbers; history mentions such circumstances, and travellers relate similar adventures, with more or less truth : but it difficult to believe that scenes of this kind, happened frequently, throughout Europe, about two hundred years ago; and that, these banditti were generally, ancient warriors disbanded by princes, who, having employed them in their need, dismissed them, unrewarded, and careless of their future fate.

The colouring of this picture is very harmonious, the sky is of a very warm transparent yellow, the figures are carefully designed, and the picture is handled witht an extreme niceness : but the landscape is singularly composed, and if such rocks were the usual retreat of thieves, it must excite astonishment how a carriage could reach thither, and then it is difficult to explain how it would have got out of such a pass.

This little picture, painted on wood, forms part of the Vienna Gallery : it has been engraved by J. Passini.

Width, 22 inches; height, 19 inches.

520.

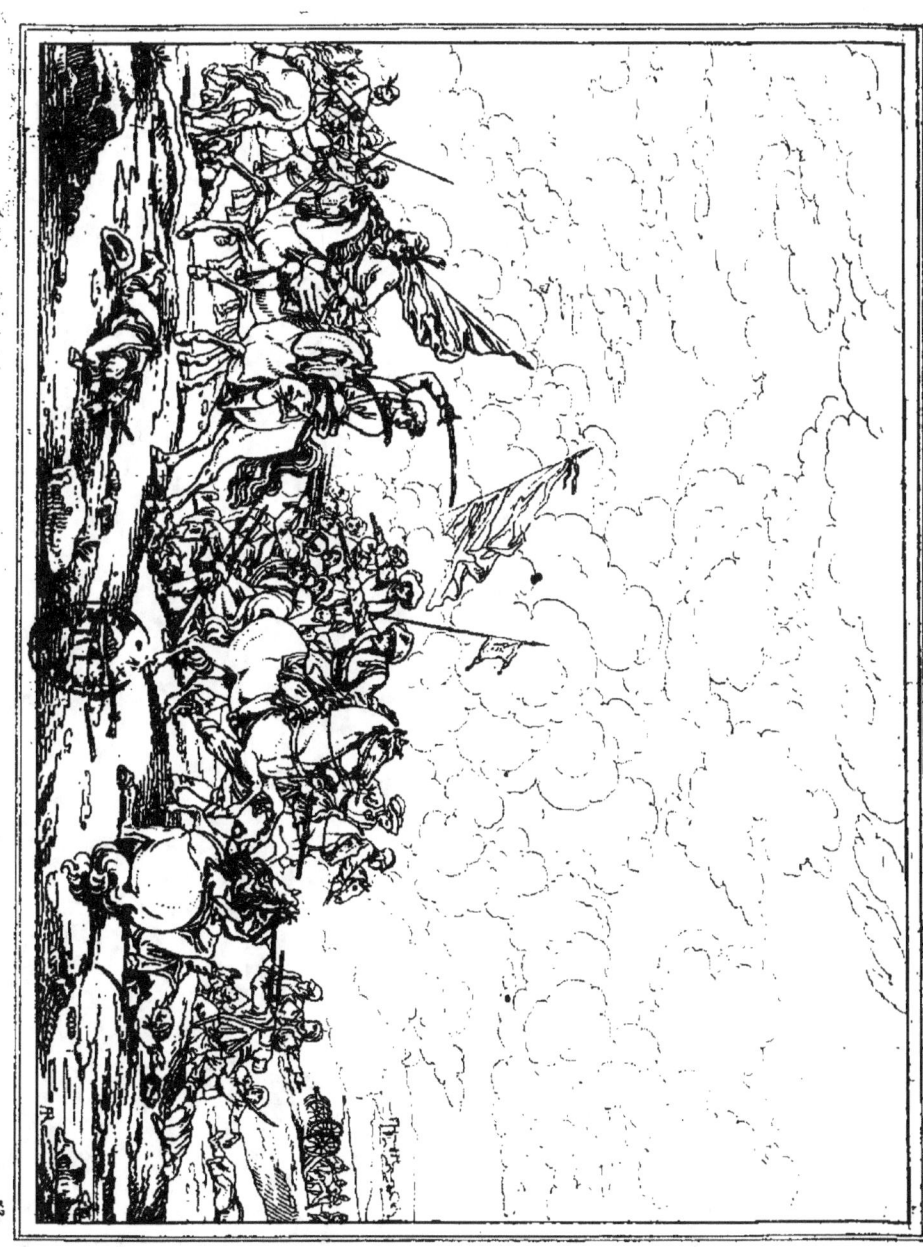

CHOC DE CAVALERIE.

En examinant ce tableau avec attention, l'on reconnaîtra le talent de Wouwermans à peindre les chevaux, à bien saisir leurs attitudes et leurs mouvemens, à bien placer les cavaliers sur leurs montures, suivant les positions variées des combattans. On trouvera même une certaine expression dans leurs figures ; mais tout ce fracas inspire peu d'intérêt, parce que le mélange des personnages ne laisse pas la facilité de démêler leur action. On ne saurait distinguer, ni par l'habillement, ni par la position, les deux partis qui se combattent. La mêlée est si confuse, qu'on pourrait croire que les soldats font feu sur leurs propres camarades. Le peintre a cru produire beaucoup d'effet par le désordre et la confusion, il a usé de toutes les ressources de son art dans les divers mouvemens des chevaux et des cavaliers, dans le déploiement des guidons et des drapeaux, dans l'épaisseur de la fumée qui produit de beaux contrastes de lumière et d'ombre ; mais a-t-il réussi dans le but principal que doit se proposer l'artiste, celui d'étonner, d'intéresser ou de toucher le spectateur ?

Ce tableau est dans la galerie du Louvre ; il a été gravé par Dupréel et par Devilliers l'aîné.

Larg., 1 pied 5 pouces ; haut., 1 pied.

531.

A SKIRMISH OF CAVALRY.

By attentively considering this picture, Wouvermans' talent in painting horses, in properly catching their attitudes and actions, in properly placing the riders on their beasts, according to the various positions of the combattants, will be discerned. A certain expression will even be found in the countenances; yet, all this bustle inspires but little interest, because the personages are so intermixt, as not to give the facility of explaining their actions. The encounter is so confused, that it might be believed that the soldiers fire on their own party. The painter thought to produce much effect by this confusion and want of order ; he has used all the resources of his art, in the various movements of the horses and riders; in the display of the standards and flags; in the density of the smoke which produces fine contrasts of light and shade ; still we doubt whether he has succeeded in the principal aim intended by an artist, that of astonishing, of interesting, or, of moving the beholder.

This picture is in the Gallery of the Louvre : it has been engraved by Dupréel and by Devilliers, the Elder.

Width, 18 inches; height, 13 inches.

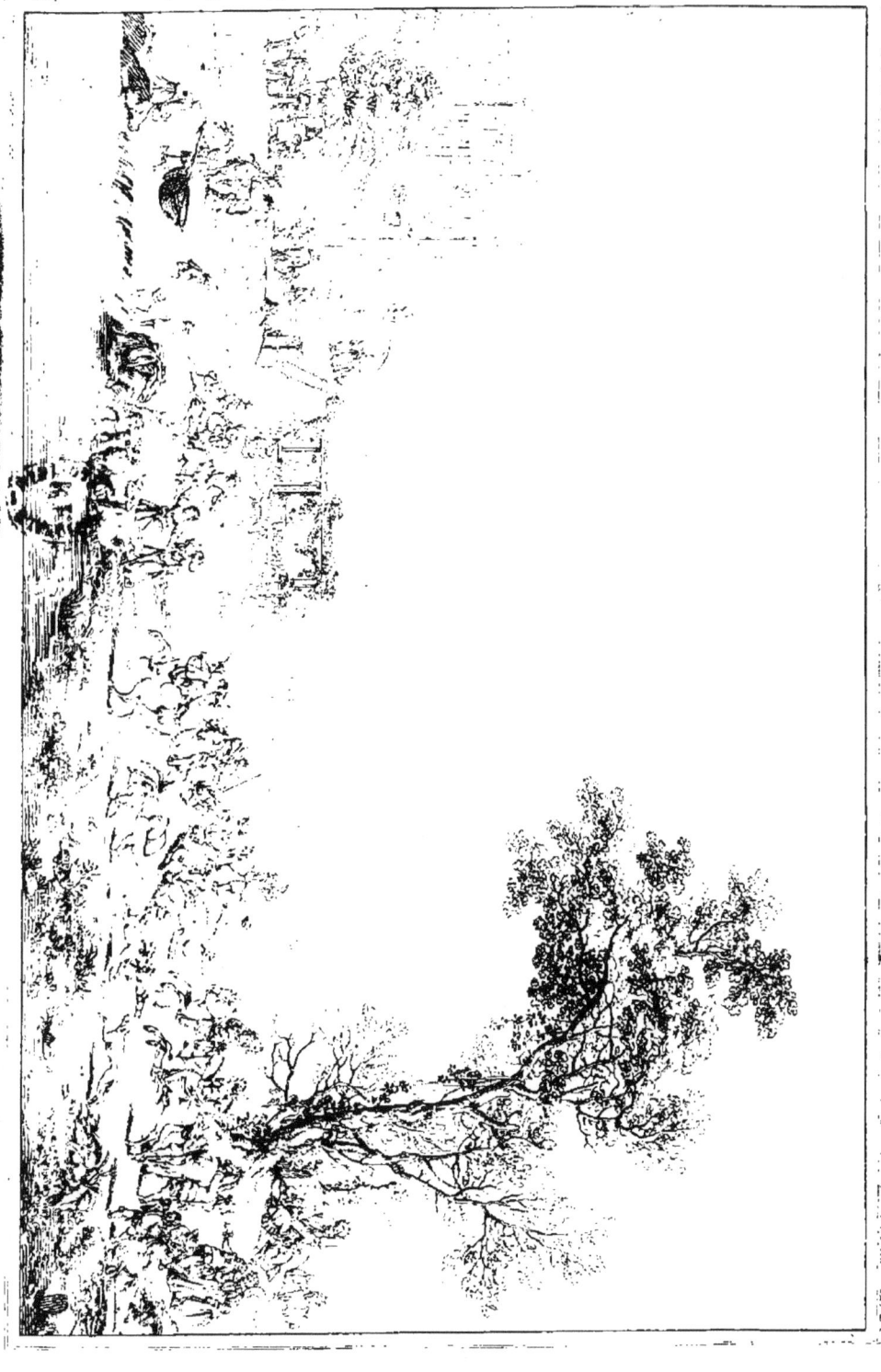

GRANDE CHASSE AU CERF.

La chasse du cerf est l'une des plus belles que l'on puisse faire avec des chiens courants; elle est la plus savante et la plus difficile : elle demande des connaissances très-variées et très-étendues. Elle exige un appareil considérable d'hommes, de chevaux et de chiens dressés à combiner leurs mouvements. Ces connaissances ne peuvent s'acquérir qu'avec de l'habitude. Elle ne peut donc être exercée que par des personnes très - riches, aussi est - ce un plaisir presque réservé à des princes. Le peintre qui veut représenter ces chasses doit savoir faire le paysage, bien poser les figures, et bien dessiner les chevaux et les chiens. Il doit même avoir des connaissances de la chasse afin de ne rien faire à contre-temps.

Wouwermans a bien étudié toutes ces parties, et en a profité pour représenter souvent des chasses dans ses tableaux.

Celle-ci est connue sous la dénomination de grande chasse au cerf; elle donne une haute idée du talent du peintre lorsqu'il travaillait dans sa seconde manière, qui est la meilleure.

Ce tableau appartenait en 1736 à Me. de Verrue; il passa ensuite dans les collections de Julienne et de Choiseul. Lors de la vente de ce dernier cabinet, il fut acheté 20,000 fr. par l'impératrice de Russie, Catherine II. On le voit maintenant à Saint-Pétersbourg dans la galerie de l'Hermitage. Il a été gravé par J. Moireau et par Daudet.

Larg., 5 pieds 7 pouces; haut., 3 pieds.

796.

THE GREAT STAG-HUNT.

Among the sports of the chace pursued with hounds, hunting the stag is one of the most picturesque, and at the same time, the most difficult and learned, requiring extensive and varied information, and a considerable equipage, of men, horses and dogs, trained to act in concert: this knowledge cannot be attained but by practice, and at great expence; consequently the sport can be enjoyed only by the wealthy, and it is, in fact, almost exclusively, a pastime of Princes.

To represent scenes of this kind, a painter must be master of landscape, skilful in seizing attitudes, and accustomed to paint dogs and horses: he should also possess some practical knowledge of hunting, to avoid improprieties.

Wowermans had carefully studied all these branches, and accordingly, he often introduces hunting-matches in his pictures.

The one before us is known by the name of the Great Stag-Hunt: it gives a very high idea of the artist's talent, as displayed in his second and best manner.

In 1736, this picture belonged to M. de Verrue; it afterwards pertained successively to the Julienne and Choiseul Collections: at the sale of the latter, it was purchased by the Empress Catherine II, for 750 pounds, and is now in the Gallery of the Hermitage, at St.-Petersburg. It has been engraved by J. Moireau, and by Daudet.

Width 6 feet; height 3 feet 2 inches.

L'ABREUVOIR.

Ne connaissant pas le prix de ses ouvrages, que des marchands vendaient pourtant fort cher, Wouwermans vécut dans la médiocrité et ne sortit jamais de Harlem, sa ville natale. Ses tableaux n'en sont pas moins très-remarquables, par la variété qu'il sut mettre dans la manière dont il les composait, quoique toujours il eût à représenter des scènes semblables, dont les chevaux forment le principal motif.

On voit ici des chevaux que différens conducteurs mènent s'abreuver sur les bords d'une rivière. Elle occupe toute la droite du tableau et s'étend fort au loin de ce côté, tandis que le côté gauche est fermé, par une muraille en partie ruinée, dans laquelle se trouve la porte d'une ville, d'où sort un muletier.

Sur le devant à gauche est tracé la marque de Philippe Wouwermans.

Ce petit tableau est peint sur bois, il se voit dans la galerie de Munich, et a été lithographié par F. Hohe.

Larg., 1 pied 1 pouce $\frac{1}{2}$; haut., 1 pied.

THE WATERING-PLACE.

Wouwermans, who was ignorant of the high price obtained for his works by the picture-dealers, passed his life in mediocrity, and without ever quitting Haerlem, his native place. His paintings are, nevertheless, remarkable for the variety which he had the talent of imparting to scenes essentially similar, and in which the principal objects are horses.

In this piece are seen several horses, which their conductors are watering at the side of a river. The right of the picture is occupied by the stream, which is followed by the eye to a great distance : on the left, the view is shut by an old wall and city gate, from which is issuing a muleteer.

The characters of Philip Wouwermans are traced in the foreground, on the left.

This picture, which is painted on wood, is in the Gallery of Munich: it has been lithographied by F. Hohe.

Width, 1 foot. 2 inches ; height, 1 foot 9 lines.

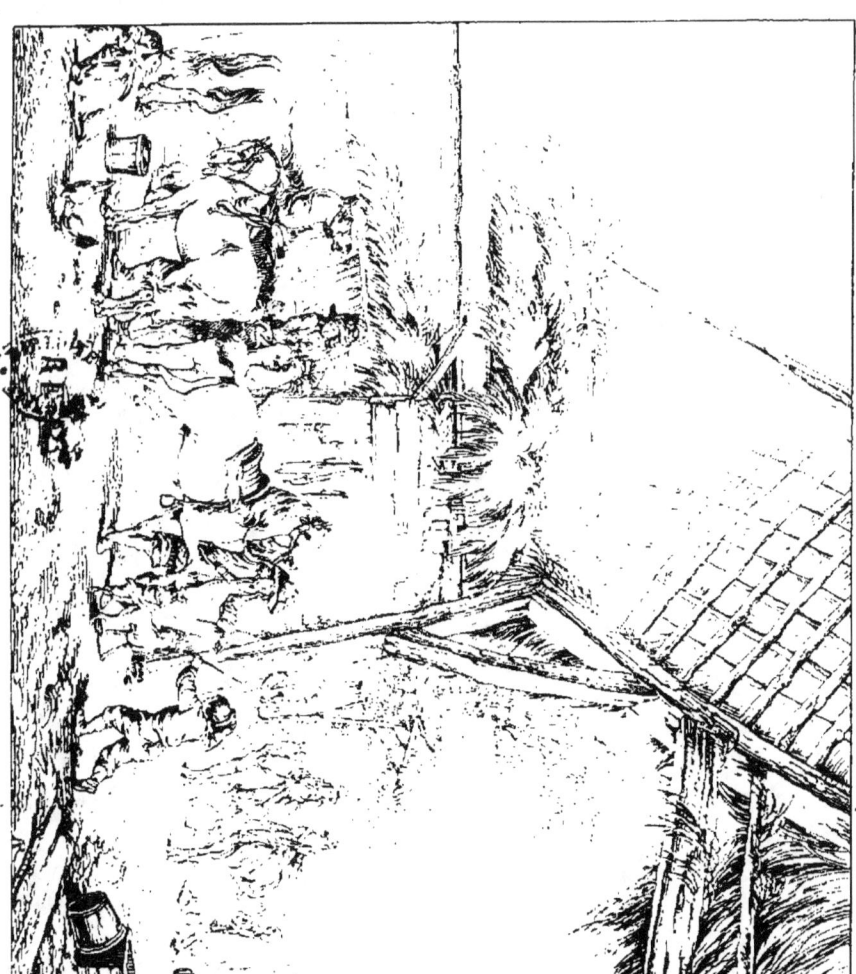

CHEVAUX PRÈS D'UNE ÉCURIE.

Excellent peintre de paysages, Wouwermans est encore plus remarquable par la manière dont il a peint les chevaux dont il a enrichi ses compositions. Quoique d'une petite dimension, ses figures sont parfaitement choisies et très-bien rendues. Il n'a pas imité Pierre de Laer et Jean Steen, qui ont représenté les scènes les plus triviales, ses personnages sont toujours des gens de distinction.

On voit ici une écurie de village, où des chevaux de prix ont été placés momentanément. Les cavaliers sont venus eux-mêmes chercher leurs chevaux, afin de s'assurer qu'ils ont été bien soignés : l'un d'eux est déjà en selle, l'autre tient encore son cheval par la bride, et tous deux vont aller retrouver une dame, que l'on voit à cheval sur le second plan, et qui en les attendant fait la conversation avec un troisième cavalier. Près d'elle est un pauvre qui lui demande l'aumône.

Ce précieux tableau de Wouwermans est peint sur bois ; il fait partie de la galerie de Munich et a été lithographié par Fréd. Hohe.

Larg., 1 pied 1 pouce ; haut. 11 pouces.

⋙◉⋘

HORSES NEAR A STABLE.

Wouwermans who was an excellent landscape painter, is still more remarkable for the manner he painted horses, with which he enriched his compositions.

Altho' his figures are of small size, they are well selected, and faithfully represented, not at all imitating Pierre de Laer, and Jean Steen, who depicted the most trivial scenes, the personages of Wouwermans, are always those of distinction.

A village stable is here represented where horses of value have been left for a short time.

The riders themselves have come to see after their horses, in order to assure themselves that they have been well treated, one of them is already mounted, the other still holds his horse by the bridle, and both appear as if going to rejoin a lady on horse-back at a short distance, who, whilst waiting for them is holding a conversation with a third gentleman and near her is a poor person begging alms.

This valuable painting, which is on wood, forms part of the gallery of Munich, and has been engraved on stone by.

Breadth 1 foot, 1 inches ½ ; height 11 inches ½ .

NOTICE

SUR

GILLES VAN TILBORG.

Gilles Van Tilborg naquit à Bruxelles en 1625. On le croit élève de Brauwer et aussi de Craesbek, et comme eux il ne peignit que des scènes triviales.

Ce peintre ne peut être considéré comme artiste du premier ordre, même il n'atteignit jamais son maître Brauwer; cependant sa couleur n'est pas sans mérite, mais son dessin est un peu lourd, et ses têtes n'ont pas une expression aussi naturelle.

Ses tableaux ne sont pas rares, et ils se vendent à des prix peu élevés. L'un d'eux porte la date de 1658.

On ne connaît pas l'année de sa mort.

NOTICE

OF

GILLES VAN TILBORG.

Gilles Van Tilborg was born at Brussels in 1625. He is thought to be a pupil of Brauwer, as also of Craesbeck, and as they, he painted only trivial scenes.

This painter cannot be looked upon as a first order artist, may, he could never equal his master Brauwer; yet his colouring is not void of merit, but then his design is somewhat dull, and his heads have not such a natural expression.

His pictures are not rare, and are sold at a very moderate rate; one of them bears the date of 1658.

The year of his death is unknown.

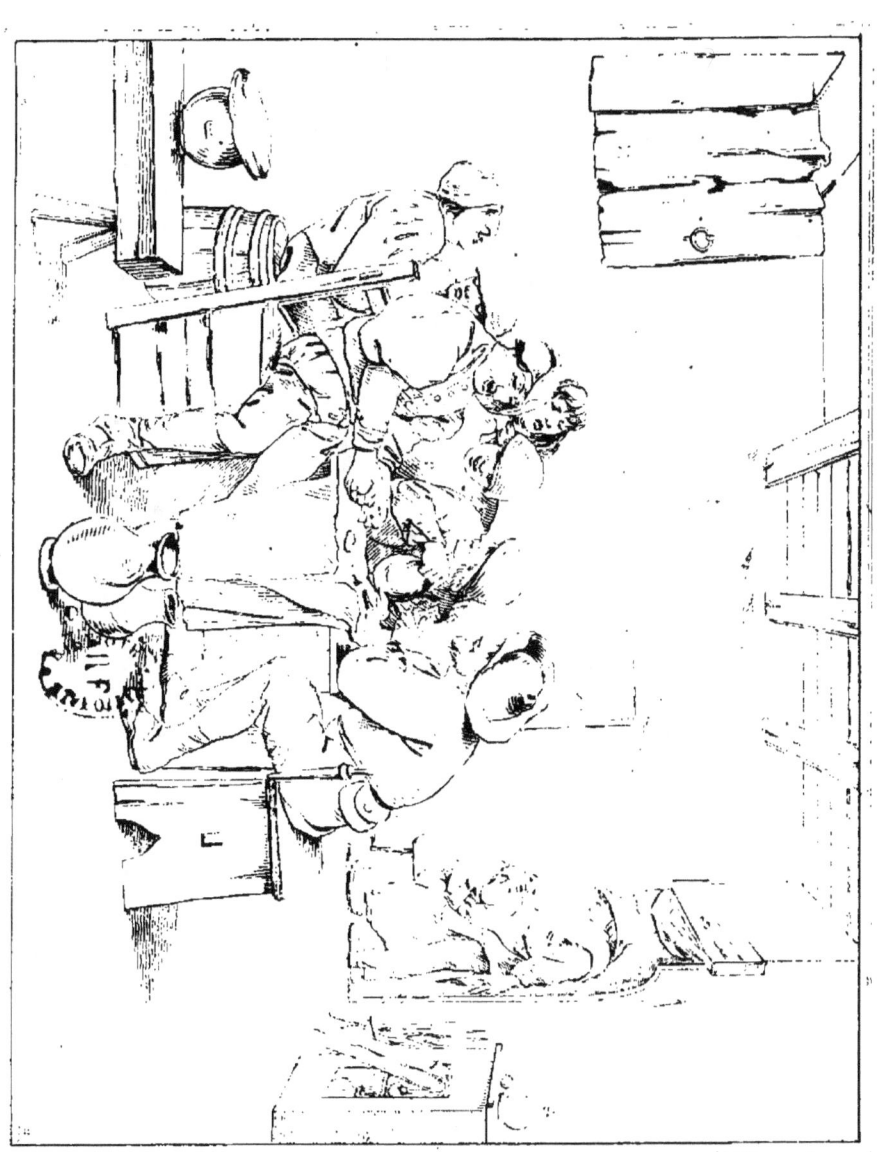

UNE TABAGIE.

Gilles van Tilborgh imita la manière de Brauwer et de Teniers; ainsi qu'eux, il peignit des scènes de tabagie et des réunions de paysans. Sa couleur est vigoureuse, mais quelquefois un peu noire. Comme les autres peintres flamands, il a montré une parfaite entente du clair-obscur.

Dans le fond du tableau, près de la cheminée, on voit l'hôtesse assise et causant avec un homme debout près d'elle. Il appartient depuis long-temps au roi de Bavière; et se trouve au palais de Schleissheim. Laurent Quaglio l'a lithographié en 1818.

Larg., 1 pied 3 pouces; haut., 1 pied.

886.

A SMOKING-HOUSE.

Giles Van Tilborgh imitated the manner of Brawer and Teniers, and, like them, commonly painted tavern-scenes and the meetings of peasants. His colouring is vigorous, though sometimes rather black. Like the Flemish painters generally, he displays a perfect knowledge of light and shade.

In the back part of the tap-room here represented, the hostess sits chatting with a man standing near her.

This picture has long been in the possession of the King of Bavaria, and is seen in the Palace of Schleissheim. It was lithographied, in 1818, by Lawrence Quaglio.

Width, 1 foot 4 inches; height, 1 foot 1 inch.

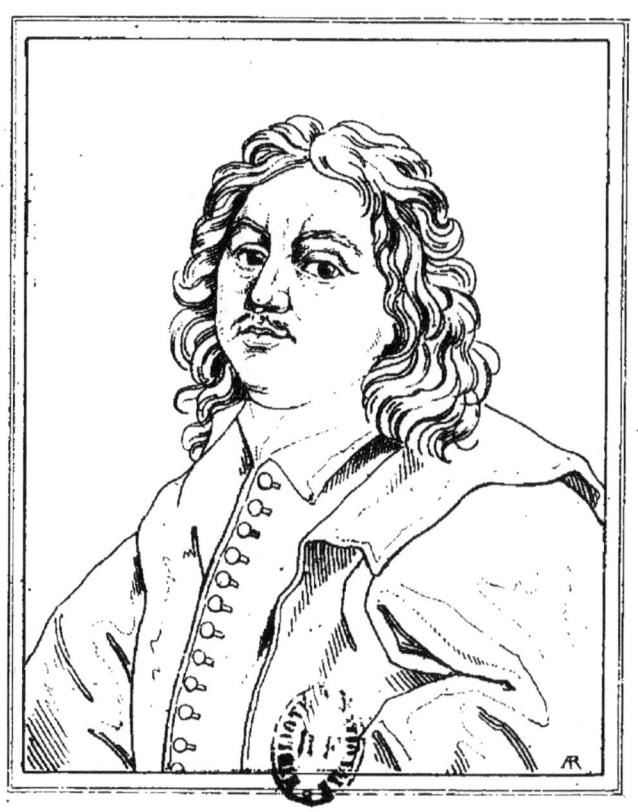

NICOLAS BERGHEM.

XXIX

NOTICE
HISTORIQUE ET CRITIQUE

SUR

NICOLAS DIT BERGHEM.

Si on voulait aussi diviser les paysages et les paysagistes en *classiques* et en *romantiques*, on placerait sans doute Titien dans les premiers et Berghem dans les autres, puisque ses tableaux sont ordinairement une imitation exacte de la nature, sans avoir jamais eu de règles pour la choisir et sans y chercher quelques oppositions.

A l'époque où vivait Berghem, les noms de familles n'étaient pas encore d'un usage absolument général en Hollande, et beaucoup de peintres ne sont connus que par le nom de leur ville natale, ou par un sobriquet que souvent on a cru être leur véritable nom. C'est ce qui est arrivé à Nicolas, né à Harlem en 1624. Son père, Pierre, né dans la même ville, porta le nom de *Pierre Van Harlem*. Quant à lui, se trouvant un jour poursuivi par son père, qui voulait le maltraiter, Van Goyen, son maître, s'interposa entre eux et dit à d'autres élèves, *berg-hem* (cachez-le). De cet instant ces mots devinrent son nom qu'il garda toujours.

Nicolas Berghem avait reçu d'abord les premières leçons de dessin de son père, peintre de genre d'un talent fort médiocre. Il reçut ensuite des leçons de Jean Van Goyen, de Nicolas Moyart, de Pierre de Grebber et enfin de Jean-Baptiste Wœnix, peintre de talent. D'un caractère doux et tranquille, Berghem, fort assidu au travail, acquit promptement de la réputation; ses ouvrages furent très-recherchés; il peignait avec facilité, et l'avarice de sa femme le forçait encore à ne pas quitter le pinceau.

XXIX

Il avait l'habitude de travailler en chantant, et l'on assure que lorsque sa femme ne l'entendait plus, elle frappait au plancher de son atelier, dans la crainte qu'il se fût endormi. On doit penser qu'avec une telle âpreté pour l'argent, elle avait soin de se faire remettre le prix de ses tableaux. Cependant notre peintre tâchait quelquefois d'en retenir une partie, et il l'employait à acheter des estampes, dont il était fort curieux. Sa collection devint même assez belle et fut vendue fort chère après sa mort. Il s'y trouvait une épreuve du Massacre des Innocens, gravée par Marc-Antoine, d'après Raphaël. Cette pièce fut payée par lui 60 florins, ce qui, à cette époque, était un grand prix.

Berghem habita long-temps le château de Benthem; des fenêtres de son atelier il voyait une belle campagne couverte de troupeaux et fréquentée par leur conducteur. En été, dès quatre heures du matin, il se mettait à l'ouvrage, et ne le quittait que le soir. C'est ainsi qu'il réussit à faire un si grand nombre de tableaux remplis de mérite. Sa manière est excellente; heureux dans ses compositions il sut les varier à l'infini; cependant ce qu'il a peint le plus, ce sont des marches de troupeaux. Souvent il les représente traversant un ruisseau, pour regagner leurs paisibles habitations, à l'heure où le soleil, prêt à quitter l'horizon, leur indique le moment d'aller chercher le repos. Quelquefois la marche est suspendue pour une conversation entre les pâtres et les bergères.

Ce n'est pas seulement comme habile peintre que Berghem s'est acquis une grande réputation. Il a aussi gravé à l'eau-forte des études qui représentent des brebis et des chèvres, ou des paysages avec quelques vaches. Ces pièces sont gravées d'une pointe facile et pleine d'esprit, conduite par une main ferme et qui décèle un dessinateur savant et exercé. Ces études sont au nombre de 53, plusieurs d'entre elles sont rares; quelques-unes le sont même au plus haut degré.

On ne connaît pas les circonstances de sa mort, qui eut lieu le 18 janvier 1683, n'ayant pas atteint soixante ans.

HISTORICAL AND CRITICAL.
NOTICE

OF

NICHOLAS, CALLED BERGHEM.

Should any one wish to divide Landscapes, and Landscape Painters, into *Classicists* and *Romanticists*, no doubt Titian would be ranked among the former, and Berghem among the latter, as this artist's pictures are usually an exact imitation of Nature, without his ever following any rules in his choice, or seeking a few contrasts.

In Berghem's time, family names were not strictly in general use, in Holland; and many painters are known only by the names of their native cities, or by a cognomen, often supposed their true appellation. This has occurred to Nicholas, who was born at Haerlem, in 1624. His father Peter was born in the same town, and bore the name of *Peter Van Haerlem*. As to our hero, being one day pursued by his father, who wished to chastise him, Van Goyen, his master got between them, crying to the other pupils, *berg-hem* (hide him). From that moment those words became his name, which he always kept.

Nicholas Berghem received his first lessons in drawing from his father, a painter of still life, of very mean abilities. He afterwards had lessons from John Van Goyen, Nicholas Mojaart, Peter Van Grebber, and finally from John Baptist Weenix, a painter possessing talent. Berghem being of a mild and quiet disposition, very assiduous at his work, soon got into repute. His works were much sought after; he wrought with facility, and his wife's covetousness also forced him to never let his pencil rest.

He was in the habit of singing, whilst at work, and

XXIX

it is asserted that when his wife did not hear him, she used to rap against the floor of his painting room, fearing he, lest should fall asleep. It must be supposed that with such an eagerness for money she took care to have in her own possession the price of the pictures. Nevertheless our painter sometimes sought to keep back a part which he employed in the purchase of prints, in which he was very curious. His Collection even became very beautiful, and after his death was sold very dear. A proof of the Massacres of the Innocents engraved by Marc Antonio, from Raphael, was found in it : he had paid it 60 florins, which at that time was considered a high price.

Berghem inhabited for a long time the castle of Benthem ; from the windows of his atelier he could see a beautiful country covered with cattle and their keepers. In summer, he set to work at four o'clock in the morning and only left off at night. Thus it was, that he succeeded in executing so many pictures full of merit. His manner is excellent; felicitous in his compositions, he knew how to vary them to infinity; yet what he has most painted, is Cattle Travelling. He often represents them crossing a brook, to return to their peaceable dwellings, at the hour, when the sun, on the point of sinking below the horizon, indicates to them the moment of seeking their rest. Sometimes their course is arrested, whilst a conversation takes place between the herdsmen and the shepherdesses.

It is not only as a skilful painter that Berghem acquired a great reputation, he has also etched some studies representing sheep and goats, and landscapes with cows. These are engraved with a light and spirited touch, displaying a firm hand, as also a good and practised draftsman. These studies amount to 53 in number; several of them are scarce; and some exceedingly so.

No particulars are known of his death, which happened, January 18, 1683; ere he had reached his sixtieth year.

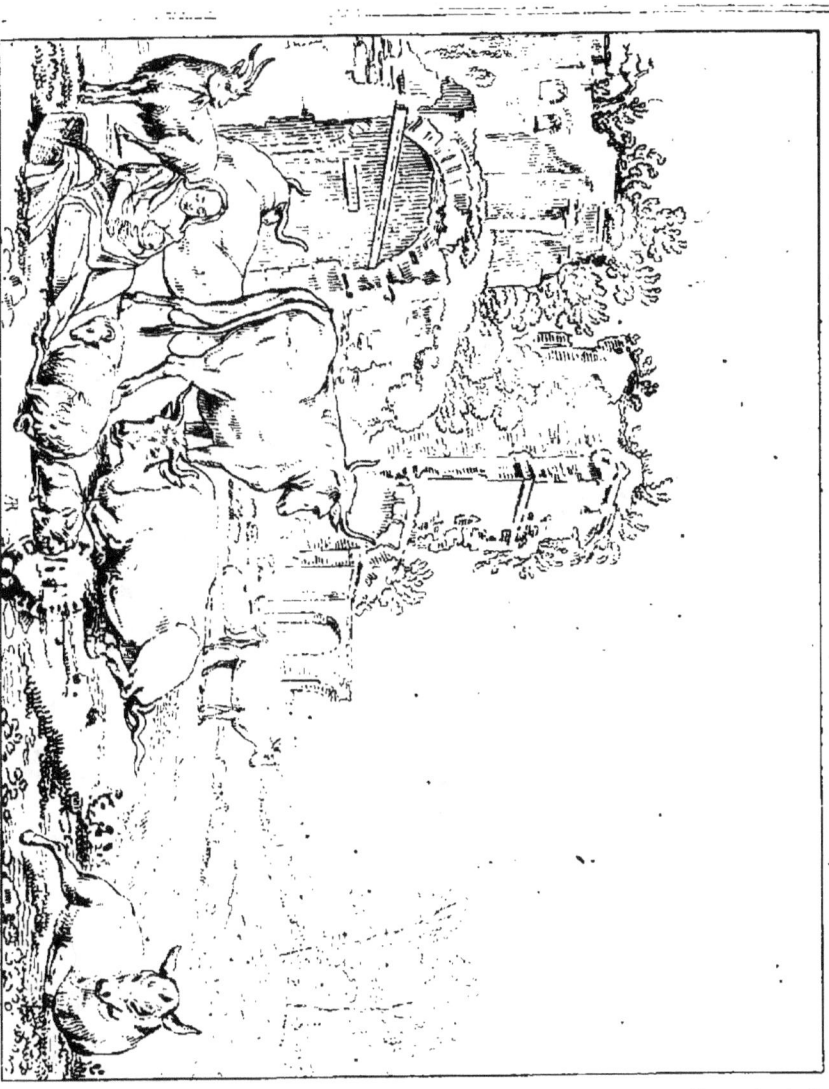

PAYSAGE — ANIMAUX PRÈS D'UNE RUINE

PAYSAGE,

ANIMAUX PRÈS D'UNE RUINE.

Berghem, habitant le château de Benthem, près de La Haie, n'avait qu'à regarder par sa fenêtre, et il y trouvait les modèles dont il pouvait avoir besoin pour orner ses paysages. Si on admire dans ses animaux la variété de leur pose et celle de leur expression, c'est que les ayant sans cesse sous les yeux, il pouvait les peindre dans ses tableaux d'après la nature même, et non pas d'après des études quelquefois faites à la hâte. Mais avant de placer dans ses paysages des êtres vivans, il fallait d'abord les composer, et c'est ce qu'il faisait avec une telle facilité, qu'il ne cessait pas de chanter, comme si c'eût été pour lui une occupation des plus légères.

Il est à remarquer que Berghem n'est jamais sorti de sa patrie pour aller visiter le sol de l'Italie; mais il y suppléa en formant une collection d'estampes, dans laquelle il trouvait des sites qui lui étaient inconnus. C'est ainsi que dans ce tableau on trouve réunis le beau ciel de l'Italie avec les paisibles bestiaux de la Hollande. Les ruines qui décorent une partie de ce tableau ont quelques rapports avec le Colysée.

Ce charmant tableau fait partie de la galerie de Florence; il est remarquable par la finesse de sa touche, l'harmonie de son clair-obscur et sa couleur brillante. On désirerait seulement plus de correction dans le dessin des figures humaines. Au milieu, sur le devant, on lit le nom de BERGHEM.

La gravure est en sens inverse du tableau.

Larg., 1 pied 1 pouce; haut., 10 pouces.

286.

⋙•◎•⋘

LANDSCAPE,

ANIMALS NEAR A RUIN.

Berghem, who lived in the chateau de Benthem, near La Haie, had only to look from his window, for models to embellish his landscapes. If we admire his groups of cattle, or the variety of their position and expression, it is because he had them constantly under his eyes, and his paintings consequently were taken from nature, and not from studies which are frequently executed in haste. But previously to placing living animals in his pictures, it was necessary to compose them, a work, which he executed with such facility, that while thus employed, he continued singing, as if he were engaged in the most trivial occupation.

It is proper to remark that Berghem never left his own country to visit Italy; this privation he supplied by forming a collection of plates, with which he was enabled to vary his sites. It is thus we find in this picture, the beautiful sky of Italy, and the quiet cattle groups of Holland. The ruins, which embellish this picture, have some resemblance to the Colyseum.

This charming picture is remarkable for the fineness of its touch, the harmony of its shades, and the brilliancy of its colours. It could have been wished however that the human figures were more correct. In the middle of the fore-ground is inscribed BERGHEM.

Height, 10 inches; breadth, 1 foot 2 inches.

LANDSCAPE,

ANIMALS NEAR A RUIN.

Berghem, who lived in the chateau de Benthem, near La Haie, had only to look from his window, for models to embellish his landscapes. If we admire his groups of cattle, or the variety of their position and expression, it is because he had them constantly under his eyes, and his paintings consequently were taken from nature, and not from studies which are frequently executed in haste. But previously to placing living animals in his pictures, it was necessary to compose them, a work, which he executed with such facility, that while thus employed, he continued singing, as if he were engaged in the most trivial occupation.

It is proper to remark that Berghem never left his own country to visit Italy; this privation he supplied by forming a collection of plates, with which he was enabled to vary his sites. It is thus we find in this picture, the beautiful sky of Italy, and the quiet cattle groups of Holland. The ruins, which embellish this picture, have some resemblance to the Colyseum.

This charming picture is remarkable for the fineness of its touch, the harmony of its shades, and the brilliancy of its colours. It could have been wished however that the human figures were more correct. In the middle of the fore-ground is inscribed BERGHEM.

Height, 10 inches; breadth, 1 foot 2 inches.

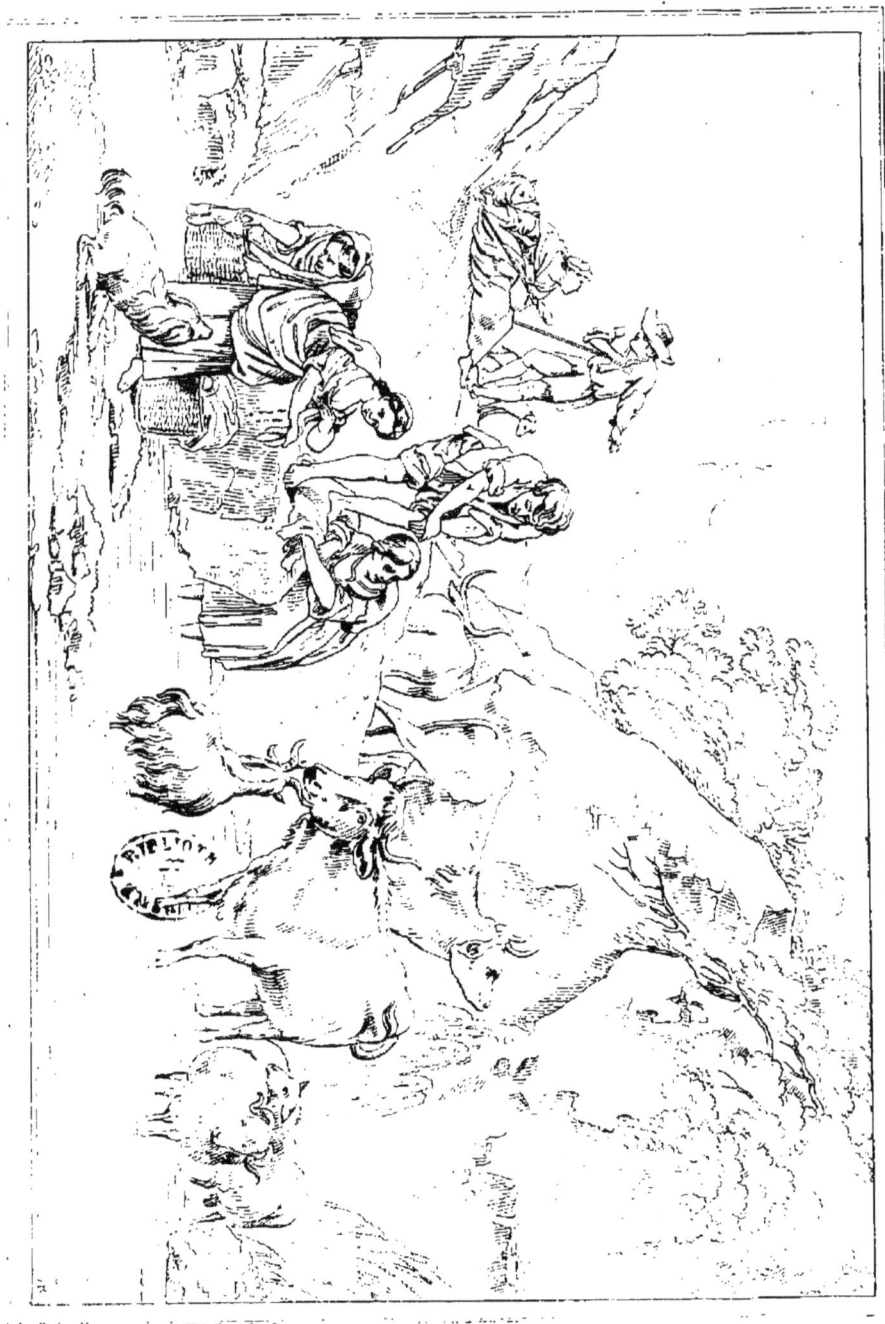

LE TORRENT.

Au milieu du jour, et cherchant à s'abreuver, des bestiaux arrivent près d'une chute d'eau qui sort avec fracas des trous d'un rocher, et devient bientôt tranquille sur une partie plate où quelques femmes sont occupées à laver du linge.

La couleur harmonieuse de ce tableau est tout-à-fait enchanteresse, la lumière y est répandue avec éclat, et les attitudes naturelles des animaux y sont rendues avec une vérité et une perfection que peu de peintres ont su atteindre. Le soin avec lequel est peint ce tableau fait voir qu'il est de la meilleure époque de l'auteur, et avant le temps où il prit l'habitude de travailler à la hâte, dans le désir de satisfaire les goûts intéressés de sa femme.

Sur la pierre qui est au milieu du devant au bord de l'eau, on lit : *N. Berghem.* Ce tableau, peint sur bois, a été gravé par G. Dobler, dans la galerie impériale de Vienne, publié par Charles Haas.

Larg., 1 pied 9 pouces; haut., 1 pied 3 pouces.

THE TORRENT.

Seeking to quench their thirst, some cattle arrive at noon, near a water-fall, that gushes with great noise from the clefts of a rock, but soon becomes calm upon a flat part, where some women are busied washing linen.

The harmonious colouring of this picture is quite enchanting, the light is spread over it with brightness, and the natural attitudes of the animals are given with a truth and perfection that few painters have been able to reach. The care with which this picture is painted shows it to have been done in the author's best time, and before he took the habit of working hastily, to satisfy his wife's interested views.

On the stone in the middle of the fore-ground, by the waterside, is written, *N. Berghem.* This picture, which is painted on wood, has been engraved, by G. Dobler, in the Imperial Gallery, published by Charles Haas.

Width, 22 inches; height, 16 inches.

NOTICE

SUR

PAUL POTTER.

Paul Potter naquit à Enkhuissen en 1625. Descendant du malheureux comte d'Egmont, son père Pierre Potter, peintre médiocre, lui donna les premières leçons de son art; il fut dès l'âge de 15 ans regardé comme très-habile, et jouissait déjà d'une grande considération à Amsterdam, lorsqu'il se rendit à la Haye où il épousa la fille aînée de l'architecte N. Balkenende mais son mariage ne fut pas heureux. En 1652, il revint à Amsterdam où il fut parfaitement accueilli par le Bourgmestre Tulp. Il a fait quelques grands tableaux, mais ceux de petite dimension sont plus recherchés. Sa touche est fine, son pinceau moelleux, sa couleur très-brillante; ses fonds sont agréables, et ses ouvrages sont rendus piquans par une intelligence parfaite du clair-obscur; ses figures d'animaux, enfin, sont ce que l'on peut voir de plus parfait et de plus vrai sous le rapport de l'expression, de la couleur et du dessin.

Paul Potter a gravé à l'eau-forte des pièces très-estimées; elles sont au nombre de 18 dont une est presqu'introuvable Les 17 autres ont été vendues ensemble 1547 francs.

Il mourut en 1654, âgé seulement de 29 ans.

NOTICE

OF

PAUL POTTER.

Paul Potter born at Enkhuissen in 1625, was the offspring of the unfortunate count d'Egmont; his father, Peter Potter, an indifferent painter gave him the first lessons of his art; at fifteen he was looked upon as being very skilful, and was already highly considered at Amsterdam, when he went to La Haye where he married the eldest daughter of the architect N. Balknende, but his marriage did not prove happy. He returned to Amsterdam in 1652, where he was kindly received by the Bourgmestre Tulp. He made some large pictures, but those of the smaller size are much more esteemed. He had a style of the most delicate touch, a very lively colouring, his grounds are agreeable, and his works alluring by a plain intelligence of a clear-dark; his portraits of animals are, in short all that can be seen the most perfect and the truest as to the expression, colouring, and drawing.

Paul Potter has etched eighteen very valuable pieces, one of which is hardly to be met with. The other 17 were sold together 1547 franks.

He died in 1654, being but 29 years old.

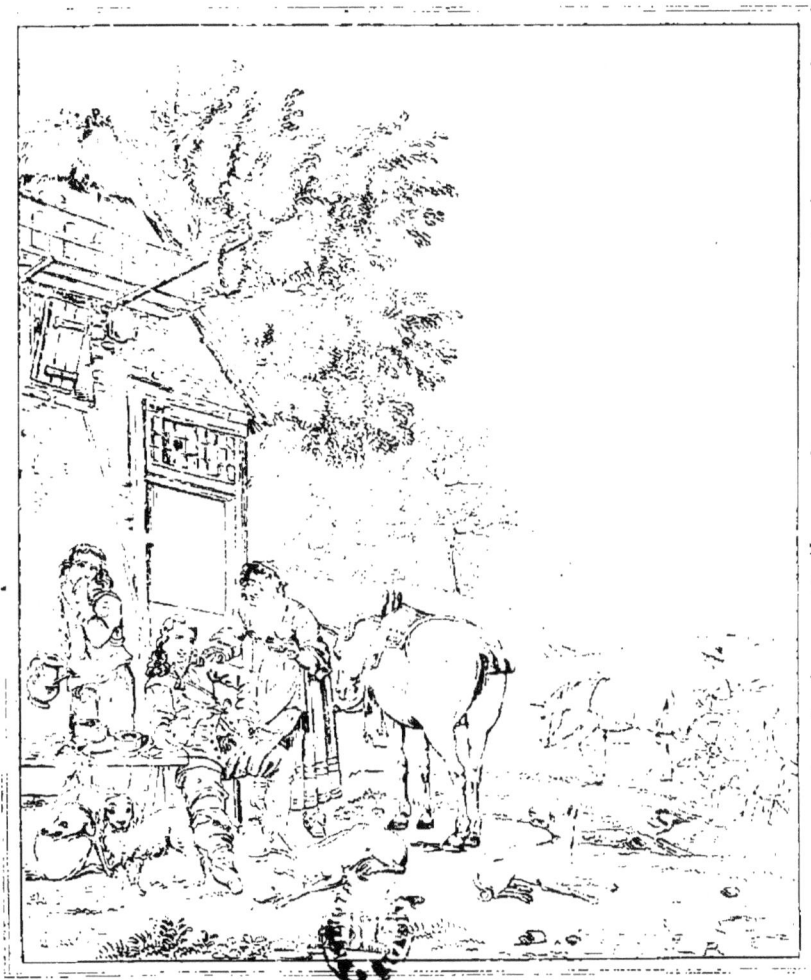

L'HÔTELLERIE

L'HOTELLERIE.

Un seigneur vient de s'arrêter au retour d'une chasse, et s'est assis à la porte d'une hôtellerie que, sans doute, il a l'habitude de fréquenter. La maîtresse de l'auberge semble accueillir assez familièrement le noble voyageur, tandis que son mari paraît, au contraire, fort mécontent d'une telle familiarité.

On ne peut admirer, dans ce tableau, que la finesse d'expression des figures ; les fonds ont souffert quelques détériorations, mais les devants sont d'une grande beauté, les chiens sont peints avec un soin parfait, ils sont d'une vérité admirable.

Ce tableau est remarquable, surtout en ce qu'il n'est pas du genre ordinaire au peintre Paul Potter. Il faisait partie de la collection du prince Schwerin. Apporté à Paris en 1806, après la bataille d'Iéna ; il fut rendu en 1815. Il a été gravé dans le Musée, publié par Filhol.

Haut., 1 pied 4 pouces; larg., 1 pied 2 pouces.

THE INN.

A nobleman on his return from the chase has stopt and is seated at the door of an Inn which, no doubt, he is in the habit of frequenting. The hostess appears to greet the noble traveller rather familiarly, whilst her husband, on the contrary, seems sorely vexed at the intimacy.

This picture presents to the admiration, only the delicacy of the expression of the figures; the back-ground has undergone some deterioration, but the fore-ground is very beautiful; the dogs are painted with great care and a wonderful truth. This production is remarkable, particularly, as it is not in Paul Potter's usual style. It forms part of the Collection of Prince Schwerin.

Brought to Paris, in 1806, after the battle of Iena, it was returned in 1815. It has been engraved in the Museum published by Filhol.

Height 17 inches; Width 15 inches.

628.

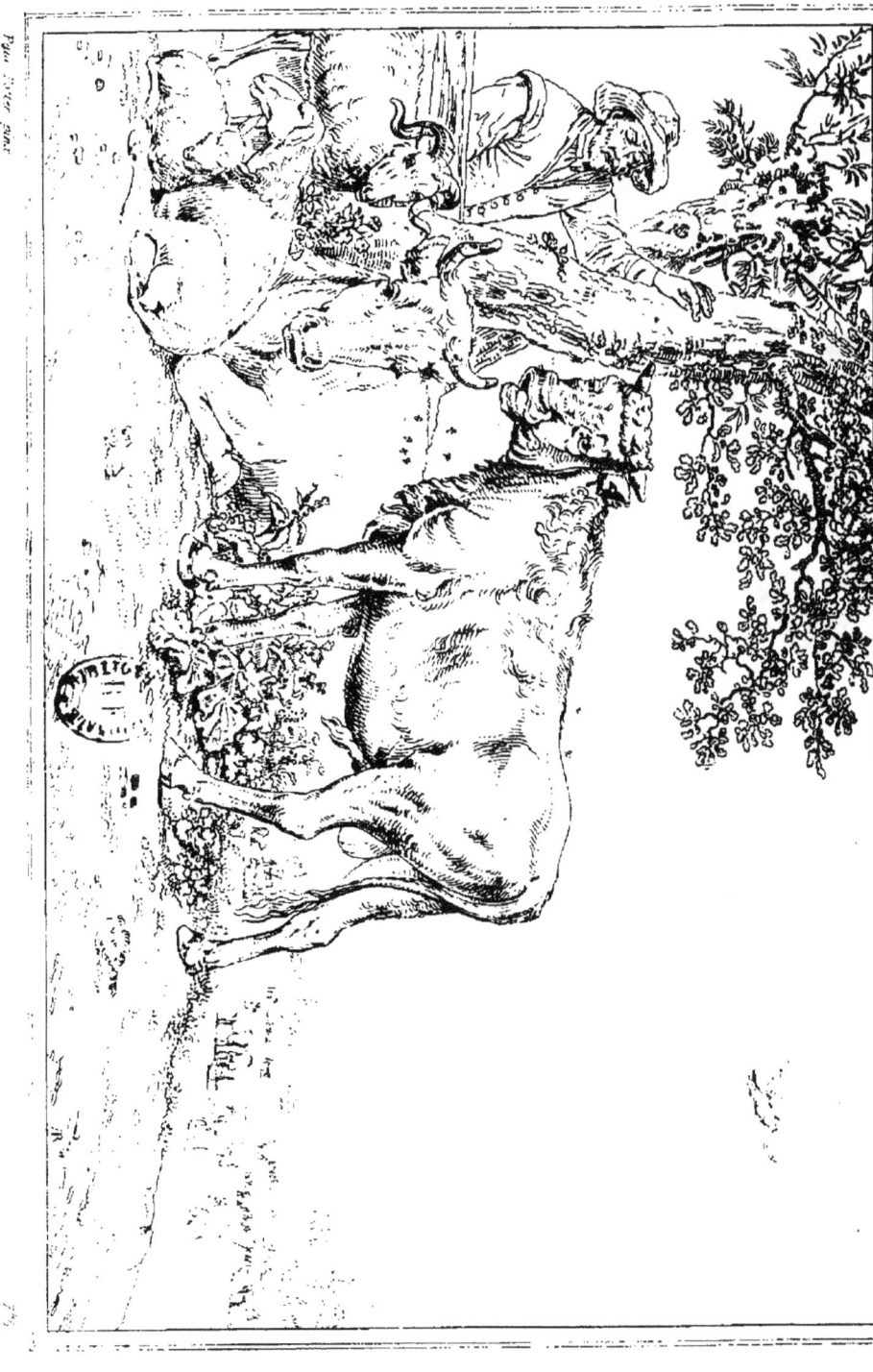

JEUNE TAUREAU.

Une vache couchée près d'un arbre et dont l'indolence semble faire place à une tendre émotion ; un jeune taureau qui par son mugissement paraît vouloir exprimer le sentiment qu'il éprouve ; un pâtre regardant avec nonchalance ce que deviendra cette scène ; puis un mouton, une brebis et son agneau dans une indifférence complète ; tels sont les *personnages* de ce sublime tableau, où Paul Potter a porté aussi loin que possible l'imitation exacte de la nature.

Les figures étant de grandeur naturelle, le peintre a pu entrer avec soin dans les plus grands détails, mais il l'a fait sans nuire à l'effet général. Le lointain offre la vue d'une belle prairie de Hollande.

Ce beau tableau, que l'on a pu admirer pendant plusieurs années dans la grande galerie du Louvre, est maintenant au Musée de La Haye. Il a été gravé par Vivant Denon et par M. Baltard.

Larg., 10 pieds 8 pouces ; haut. 7 pieds.

A YOUNG BULL.

A cow lying near a tree and whose listlessness seems to be giving way to a tender emotion ; a young bull that appears by his lowings to express the sensation he undergoes; a herdsman carelessly watching the scene; a ram, an ewe and her lamb kin, in perfect indifference, such are the *personages* of this magnificent picture, in which Paul Potter has carried as far as possible the exact imitation of nature.

The figures being of the size of life, the painter was enabled to enter with care in the minutest details, and he has done it without injuring the general effect. The distance presents a view of a fine Dutch meadow.

This beautiful picture, which was exposed for several years in the Grand Gallery of the Louvre, is now in the Museum at the Hague. It has been engraved by V. Denon, and by Baltard.

Width, 11 feet 3 inches; height, 7 feet 5 inches.

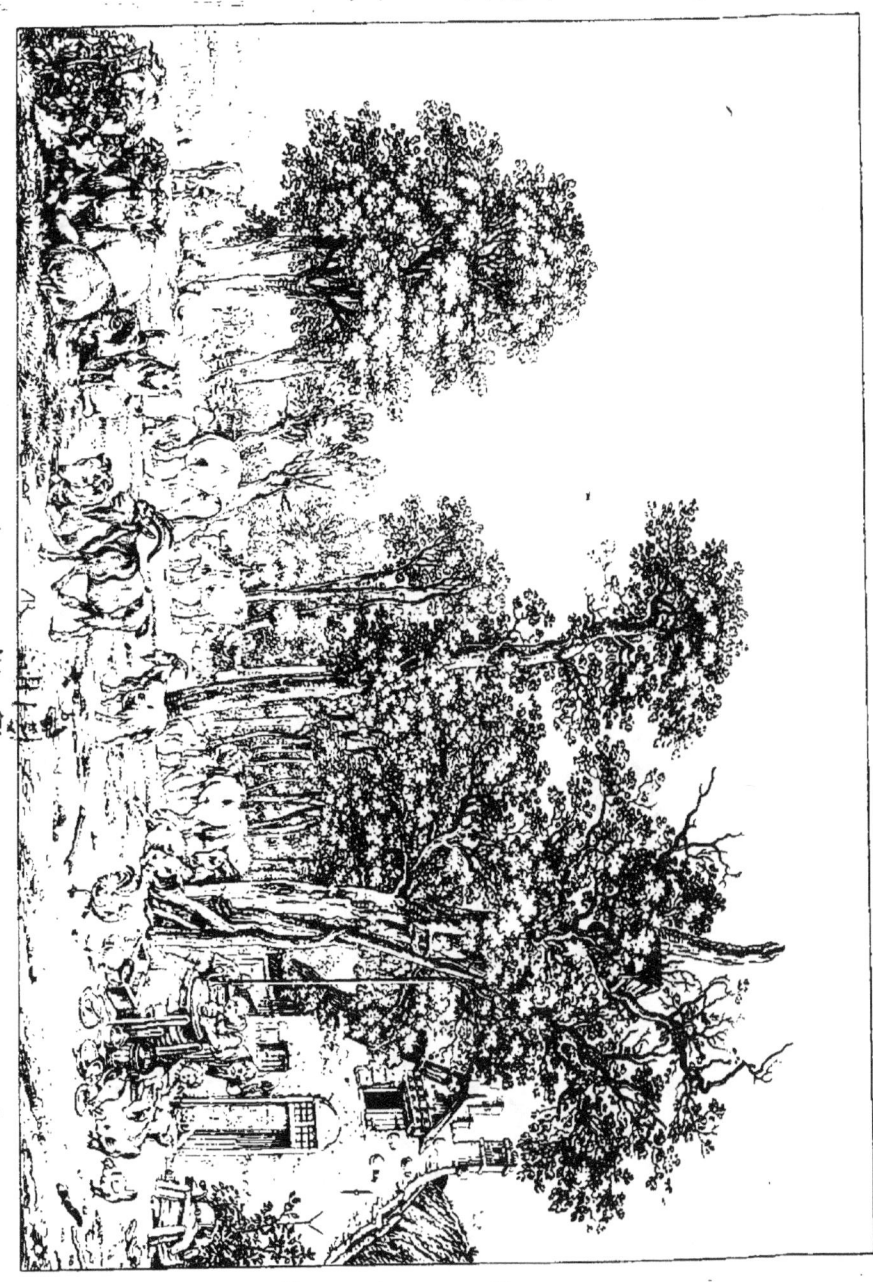

LANDSCAPE.

A Dutch cottage, surrounded by a few trees, ornaments the right of the picture, whilst on the left, is seen a meadow of great extent, in which several beasts are feeding.

The front of the piece is occupied by cows, sheep, goats, several horses, an ass, a dog, a cat and some fowls; the diversity of the kinds, the variety of their positions, the correctness of their attitudes, and of their actions, convey an exact idea of the talent Paul Potter possessed, for exactly depicting nature. It should be stated, that this picture was demanded of him by the princess Amelia de Solm mother of Prince Maurice d'Orleans protector of Paul Potter. The Painter however, accustomed to live in the midst of flocks, represented in his picture a cow staling. The princess conceiving that there was something indecent in this action, would not have it continually before her, and therefore parted with it, since which, it remained a long time in the family of M. Mustart, Alderman of the City of Amsterdam, it afterwards fell into the hands of a picture dealer called Van Biesum, who sold it to M. Jacques Van Hoech. It since formed part of the cabinet of the Prince of Hesse, and is now at Saint Petersburgh in the Gallery of the Hermitage. It has been executed in lithography in 1829 by M. G. Vollinger.

Breadth, 3 feet 2 inches; height, 2 feet 9 inches.

NOTICE

SUR

JEAN-CHARLES LOTH.

Jean-Charles Loth naquit à Munich; mais c'est par erreur que l'année 1611 a été assignée comme celle de sa naissance, puisque sur son épitaphe on le dit mort à Venise en 1698, âgé de 66 ans, ce qui doit faire penser qu'il est né en 1632 ou 1633.

Sa mère peignait bien la miniature, et son père exerçait avec distinction la peinture à la cour de Bavière; c'est donc dans la maison paternelle qu'il étudia d'abord les arts; mais, envoyé à Rome pour se perfectionner, il suivit les conseils de Liberi, et étudia les ouvrages de Michel-Ange Caravage, dont on a voulu aussi qu'il ait été élève, ce qui est impossible, puisque ce peintre était mort dès 1609.

Loth, ayant vécu long-temps en Italie, porta le nom de *Carlo Loti*, quelquefois même, on lui a donné le sobriquet de *Carloti*, ce qui a pu jeter de l'incertitude sur plusieurs de ses ouvrages.

Le peintre Jean-Charles Loth s'est fait remarquer par une couleur vigoureuse et transparente; ses compositions sont faites avec facilité; il fut appelé à Vienne par l'empereur Léopold Ier., et, après avoir orné de ses ouvrages plusieurs églises et différens palais, il retourna à Venise où il mourut.

NOTICE

OF

JOHN CHARLES LOTH.

John Charles Loth was born at Munich, it is erroneous to have assigned the year 1611 as that of his birth, since on his epitaph he is said to have died at Venice in 1698, at the age of 66 which circumstance leads us to believe that he was born in 1632 or 1633.

His mother excelled in miniature painting and his father was distinguished as a painter at the court of Bavaria, he therefore first studied the arts under his paternal roof, but on his being sent to Rome, to perfect himself, he followed the instructions of Liberi, and studied the works of Michael-Angelo Caravagio, whose pupil it is insisted that he was, this is however impossible since this painter died in 1609.

Loth having lived a long time in Italy bore the name of *Carlo Loti*, the nickname of *Carloti* was sometimes given him, which has thrown a degree of uncertainty on many of his works.

This artist is remarkable for a vigourous transparency of colour, his compositions are easy, he was sent for to Vienna by the emperor Leopold the first, and after embellishing different churches and palaces with his works, he returned to Venice where he died.

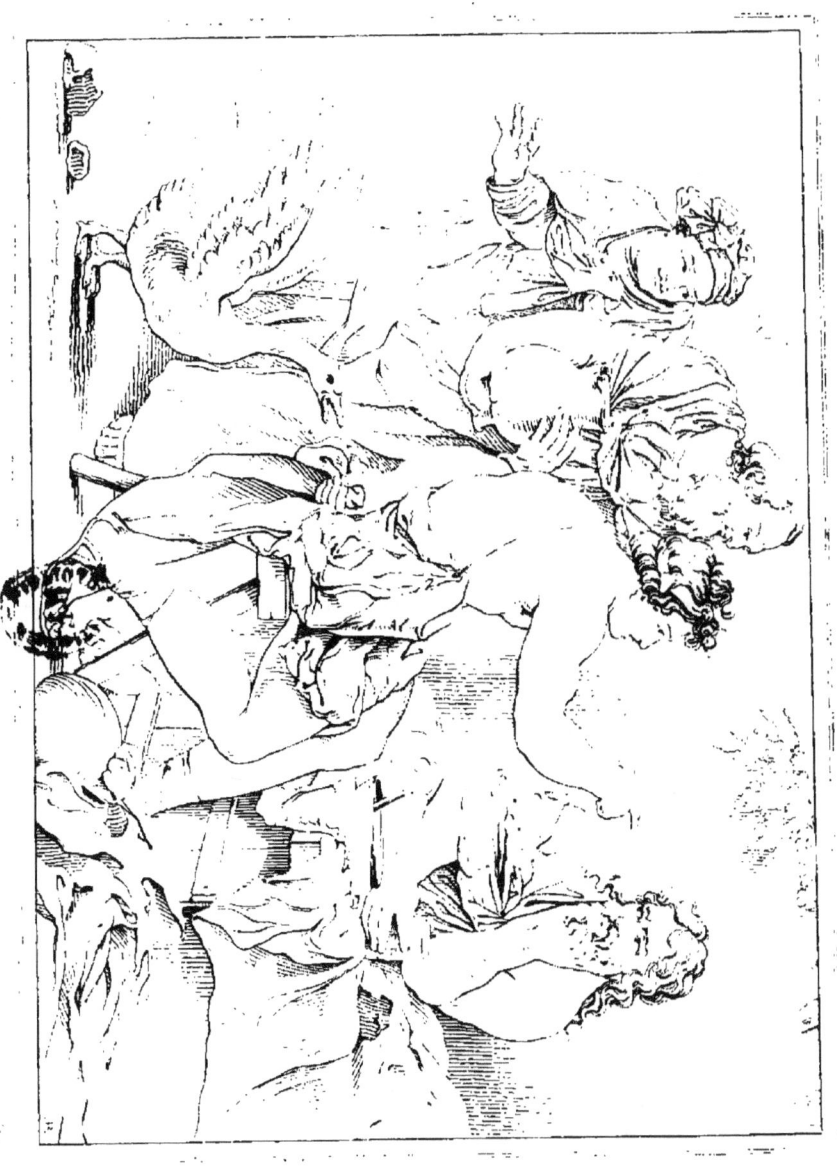

PHILEMON AND BAUCIS.

Hospitality, at present so little in vogue, was generally exercised amongst the ancients. Those nations still practise it who are but little advanced in civilization, and amongst whom there are no inns, where, for money, the necessaries ofilfe may be procured.

Wishing to impart, that this virtue ever finds its reward, Ovid relates that Jupiter and Mercury travelling in disguise, were denied entrance in the habitations of the rich, and found a kind reception only from the poor Philemon and his old wife, Baucis. The poet as he gives the details of the wretched furniture in their hut, describes the zeal they displayed to receive the guests comfortably. They had only some fruits and a goose which kept their cottage; whilst they were endeavouring to kill it, the bird took refuge with Mercury : the gods then made themselves known, and transformed the hut into a temple of which Philemon and Baucis were the guardiau priests. They both became extremely old, and, to spare them the anguish of dying one before the other, Jupiter metamorphosed them into au oak and a lime-tree.

This picture forms part of the Gallery of Vienna : it was painted by John Charles Loth, of Munich, who, for a long time studied at Rome and is often called Carlotti.

Width 7 feet 9 inches; height 5 feet 10 inches.

NOTICE

SUR

ANTOINE-FRANÇOIS VANDER MEULEN.

Vander Meulen naquit à Bruxelles, en 1634, d'une famille aisée, et qui avait du goût pour les arts. Placé chez Pierre Snayers, il fit des progrès si rapides, que ses premiers essais furent regardés comme de bons tableaux. De même que son maître, il peignit le paysage et des batailles.

Quelques-uns de ses tableaux ayant été apportés en France, on en fit sentir le mérite à Colbert, et le ministre saisit cette occasion de flatter le monarque, en chargeant un peintre de représenter les batailles et les siéges, où ce prince s'était fait remarquer. Arrivé à Paris, Vander Meulen fut logé aux Gobelins. le roi lui fit une pension de 2,000 francs, et lui commanda un grand nombre de tableaux.

On peut louer en lui un dessin vrai, une touche spirituelle. Ses ciels sont pleins de suavité; sa couleur, sans être vigoureuse, est pourtant belle, et son feuillé plein de légèreté.

Il épousa en secondes noces une nièce du peintre Le Brun, et l'on assure que sa conduite lui causa des chagrins, qui le conduisirent au tombeau en 1670, âgé de cinquante-six ans.

NOTICE

OE

FRANCIS VANDER MEULAN,

Vander Meulen was born at Brussels, of a genteel family, and who possessed a taste for the arts. Placed with Peter Snayers, he made such rapid progress, that his first essays were regarded as good pictures and like his master, he painted landscape and battles.

Some of his pictures having been brought to France, their merit was made known to Colbert, and the minister embraced the opportunity of flattering the monarch, by ordering the painter to represent the battles and sieges, in which this prince had rendered himself remarkable. When he arrived in Paris, Vander Meulen was lodged at the Gobelins, the King gave him a pension of 2,000 francs. (l. 80) and ordered a great number of pictures.

We may admire in him, the truth of his design, a touch full of wit, and his skies full of sweetness; his colouring without being vigourous, is however beautiful, and his foliage light.

He married a second time with the niece of the painter Le Brun, and is it said that her conduct caused him so great vexation, that it caused his death in 1670 at the age of 56.

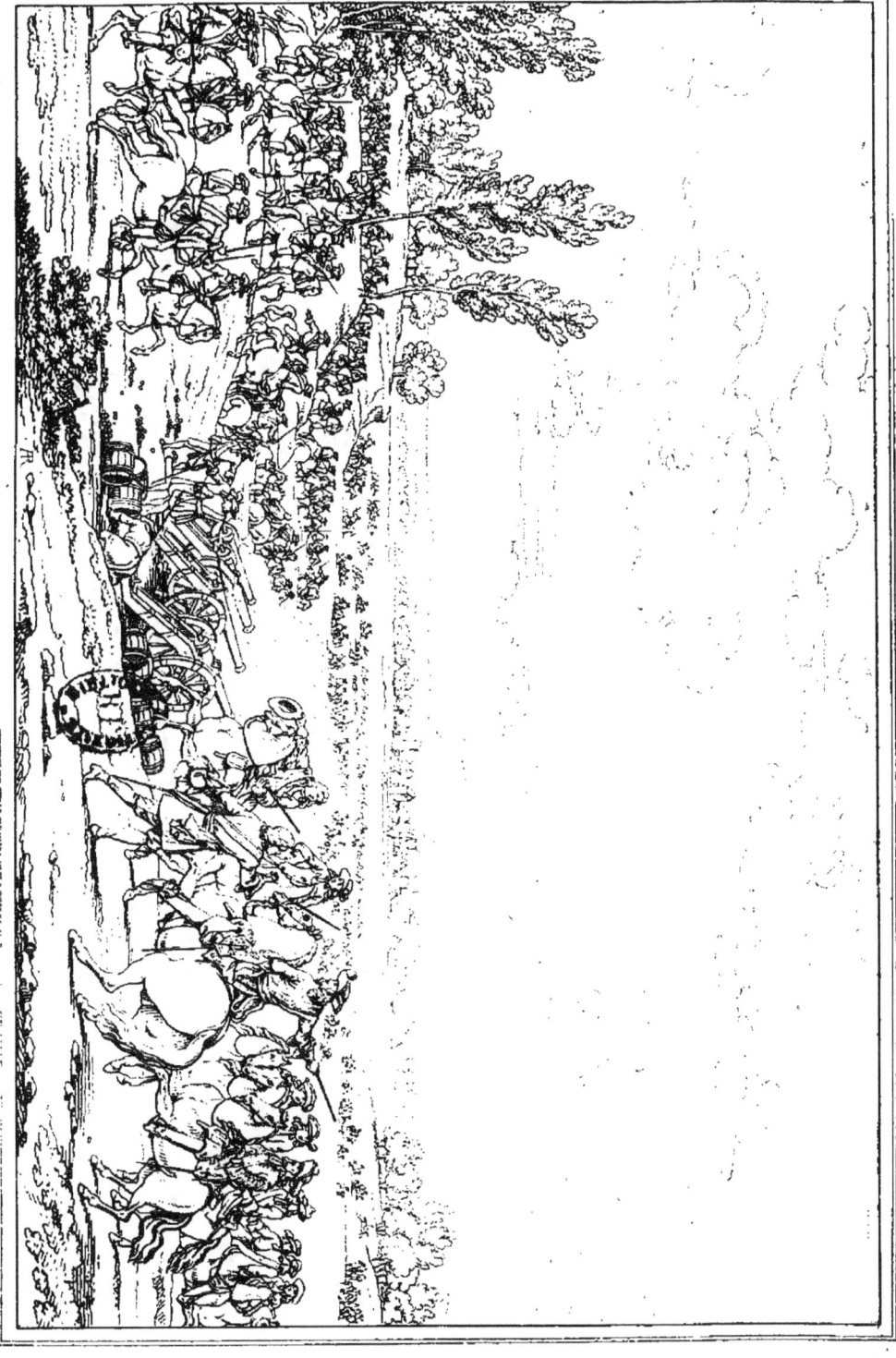

LE PASSAGE DU RHIN.

Louis XIV avait déclaré la guerre aux Provinces-Unies le 7 avril 1672; il ne pouvait pardonner aux Hollandais de l'avoir forcé à la paix d'Aix-la-Chapelle, et surtout de s'en être vantés. Le prétexte dont on se servit pour cette déclaration fut l'insolence des gazetiers hollandais, ainsi qu'une médaille offensante que les États avaient fait frapper, et dont ils firent briser les coins pour apaiser Louis XIV. Cette soumission n'ayant pas paru suffisante, le roi fit avancer vers le Rhin cent trente mille hommes commandés par Turenne, Condé et Chamilly. Il ne se trouvait pour s'opposer au passage des Français qu'un jeune prince de 22 ans, sans expérience, Guillaume d'Orange, à la tête de vingt-cinq mille soldats, qui formaient alors toute la garde du pays; aussi toutes les places qui bordent le Rhin et l'Issel se rendirent-elles presque sans résistance.

A l'endroit où s'effectua le passage, il n'y avait que vingt pas environ à nager au milieu du fleuve: plusieurs chevaux rompirent facilement le fil de l'eau, peu rapide en cet endroit. La maison du roi et les meilleures troupes de cavalerie traversèrent à la nage, au nombre de quinze mille hommes environ. Le roi passa ensuite sur un pont de bateaux avec l'infanterie. Tel fut ce passage du Rhin, célébré dans le temps comme un des grands événemens qui dussent occuper la mémoire des hommes, et qui s'opéra devant Tolhuis le 12 juin 1672.

Vander Meulen a représenté, dans son tableau, le moment où Louis XIV fait exécuter le passage par la cavalerie. La vue du pays est de la plus grande exactitude; le mouvement de l'armée est d'une vérité frappante.

Ce tableau a été gravé par Duplessis Bertaux et P. Laurent. Larg., 6 pieds; haut., 4 pieds 10 pouces.

THE PASSAGE OF THE RHINE.

Lewis XIV declared war against the United Provinces, April 7, 1672 : he could not forgive the Dutch having compelled him to the peace of Aix-la-Chapelle, and still less, their having boasted of it. The pretext made use of, for the declaration, was the insolence of the Dutch gazetteers, as also an offensive medal which the States had struck, but the die of which they broke up to appease Lewis XIV. This submission not being considered sufficient, the king caused 130,000 men, commanded by Turenne, Condé, and Chamilly, to avance towards the Rhine. To oppose the crossing of the French, there was only an inexperienced youth of merely twenty-two, William, prince of Orange, at the head of 25,000 soldiers, forming at that time the sole defence of the country. Thus all the places bordering upon the Rhine and the Issel surrendered almost without resistance.

At the spot where the crossing took place, there were but about twenty paces to be swam over in the middle of the river : several horses easily broke the current of the water which is not very strong at that part. The King's Household and the choice cavalry, forming about fifteen thousand men, swam over. The King afterwards crossed with the infantry by means of a bridge of boats. Such was the passage of the Rhine, praised at the time as one of the great events which were to occupy the attention of posterity : it took place June 12, 1672.

Vander Meulen has, in his picture, represented the moment when Lewis XIV orders the cavalry to cross. The view of the country is exceedingly faithful, and the evolution of the army strikingly true.

This picture has been engraved by Duplessis Bertaux and P. Laurent.

Width, 6 feet 4 inches; height, 5 feet 2 inches.

527.

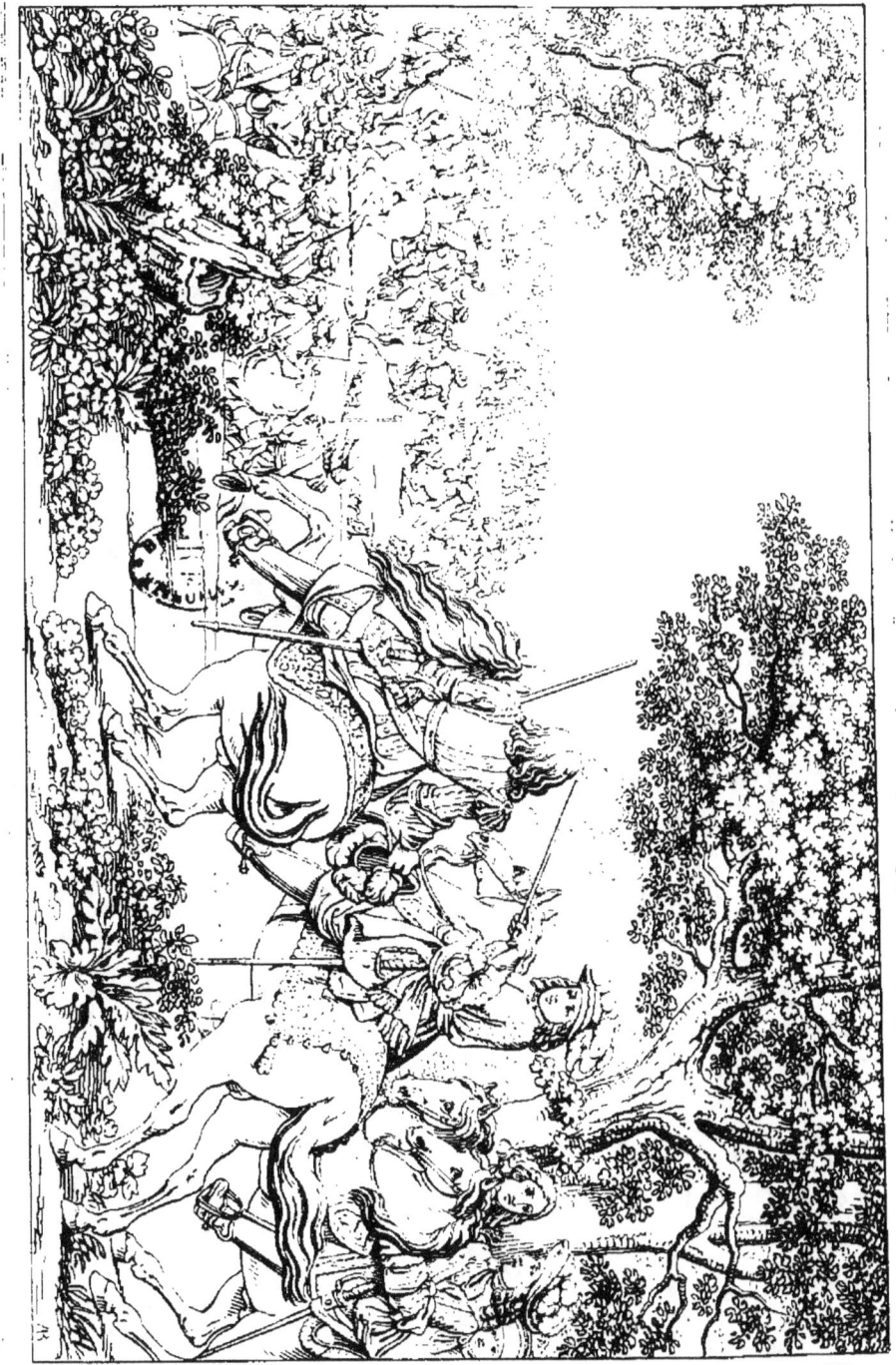

LOUIS XIV

COMMANDANT UNE ATTAQUE.

L'attaque que l'on voit ici est celle de l'armée espagnole , qui , en 1667 , était campée près du canal de Bruges , sous la couduite de Marsin et fut entièrement défaite.

Vander Meulen a représenté la mêlée daus le fond du tableau ; les gardes du corps vont soutenir l'action , et l'on voit sur le devant le roi donnant les derniers ord.es au duc de Créquy. Ce général porte un habit rouge, galonné sur toutes les tailles ; son cheval est bai, et la housse dont il est couvert est bleue brodée d'or ; dans la broderie on distingue son chifre et deux bâtons croisés, ce qui indique le grade de maréchal de France, que pourtant il n'obtint que l'année suivante.

Le roi est sur un cheval blanc , son habit est bleu, surchargé de broderies en or, qui ne laissent entrevoir le fond que vers la poche ; la doublure est rouge. Tout-à-fait à droite du tableau, est le prince de Condé.

L'ensemble de ce tableau est très-satisfaisant, tant sous le rapport de la couleur que sous celui du dessin. Il prouve le talent qu'avait Vander Meulen pour peindre les chevaux.

Ce tableau a été gravé, en 1680, par Séb. Le Clerc et porte a tort le nom de Le Brun ; il a été gravé depuis par Bovinet. Indépendamment du grand tableeu, le Musée possède aussi l'esquisse, qui n'en diffère que par quelques détails.

Larg., 15 pieds ; haut., 11 pieds.

LEWIS XIV DIRECTING AN ATTACK.

It would be difficult to determine what town it is the attack of which is ordered by the King; but it is evidently one of those that were taken in the early campaigns of Lewis XIV, as the Prince is drawn young.

Vander Meulen has represented a combat in the background of the picture : the Body Guards advance to support the action, and the King is seen in the fore-ground giving his final orders to the General, commanding the attack. This officer wears a red coat, laced at all the seams; he is on a bay horse, whose saddlecloth is blue with gold embroidery : two staffs crossed may be discerned in the embroidery, these indicate the rank of a Fr ench Marshal.

The King is on a white horse; his coat is blue, loaded with gold embroidery, which displays the cloth only towards the pocket; the lining is red. Quite to the right of the picture is the Prince of Condé.

Taken altogether this picture is very satisfactory, both with respect to the colouring and the drawing. It also displays Vander Meulen's talent for painting horses.

This picture has been engraved by Bovinet. Besides the great painting, the Museum has in its possession the sketch, which differs only in a few details.

Width, 15 feet 11 inches; height, 11 feet 8 inches.

6 94.

NOTICE

sur

CHARLES DU JARDIN.

Charles Du Jardin, que l'on écrit et prononce ordinairement à la manière hollandaise, *Karl du Jardin*, naquit à
Amsterdam, en 1635. Élève de Berghem, il alla de bonne
heure en Italie, où il se livra alternativement à l'étude et
au plaisir. Les jeunes artistes de cette époque avaient formé
entre eux une société connue sous le nom de *Bande joyeuse*;
chacun de ses membres recevait en y entrant un nom caractéristique de son talent, de ses habitudes ou de ses goûts.
Du Jardin portait celui de *Barbe-de-Bouc*.

L'estime que les Italiens montrèrent pour le talent de
Du Jardin ne purent cependant le retenir à Rome. Il
voulut revoir sa patrie. S'étant arrêté à Lyon, il y travailla
beaucoup; mais, toujours entraîné par les plaisirs et la dé-
pense, il s'y vit accablé de dettes, et ne trouva d'autre
moyen de les payer, que d'épouser son hôtesse, femme
riche, mais âgée. Il vint bientôt avec elle à Amsterdam,
où il fut bien accueilli, et ses tableaux fort recherchés;
mais l'habitation avec sa femme lui rendait son pays désa-
gréable. Un jour, allant conduire au Texel son ami le bourgmestre Reynst, qui partait pour l'Italie, il s'embarqua avec
lui et écrivit à sa femme qu'il reviendrait bientôt, mais elle
ne le revit plus.

De retour à Rome, Du Jardin reprit ses habitudes, et
quand son ami voulut le ramener en Hollande, prétextant
quelques études à terminer il le laissa partir seul, et le
chargea de faire ses complimens à sa femme. Plus tard, il
alla faire un voyage à Venise, mais il y tomba bientôt malade. Il se rétablissait à peine, qu'une indigestion l'enleva,
le 20 novembre 1678, âgé de 43 ans.

NOTICE

of

CHARLES DU JARDIN.

Charles **Du Jardin**, generally written and pronounced, according to the Dutch language, Karl du Jardyn, was born at Amsterdam, in 1635. He was a pupil of Berghem, and went early to Italy, where he alternately gave himself up to study and to pleasure. The young artists of that period had formed among themselves a company known under the name of the Joyous Companions, or Bentvogel Society; each member on his admission received a name indicative of his talent, of his habits, or of his inclinations. Jardyn bore that of *Barbe de Bouc* or Goat's Beard.

Notwithstanding the esteem the Italians displayed for Jardyn's talent, still they could not induce him to remain in Rome. He determined to return, to his native country. Having stopped at Lyons, he did several pictures there; but, ever led away by pleasure and profusion, he became overwhelmed with debts; and, having no other means, he married his hostess, a rich old woman. He returned to Amsterdam, accompanied by his wife, where he was welcomed and his pictures much sought after : but his wife's company rendered his country disagreeable to him. One day that he accompanied to the Texel his friend the Burgomaster, Reynst, who was setting off for Italy, he embarked with him, and wrote to his wife that he should soon return, but she never saw him again.

In Rome, Jardyn resumed his former habits; and when his friend wished to return with him to Holland, he pretended he had some studies to finish, and let Reynst set off alone; requesting him to present his compliments to his wife. Subsequently he performed a journey to Venice, but he soon fell ill there. He was scarcely recovered, when he died through an indigestion, November 20, 1678, aged 43 years.

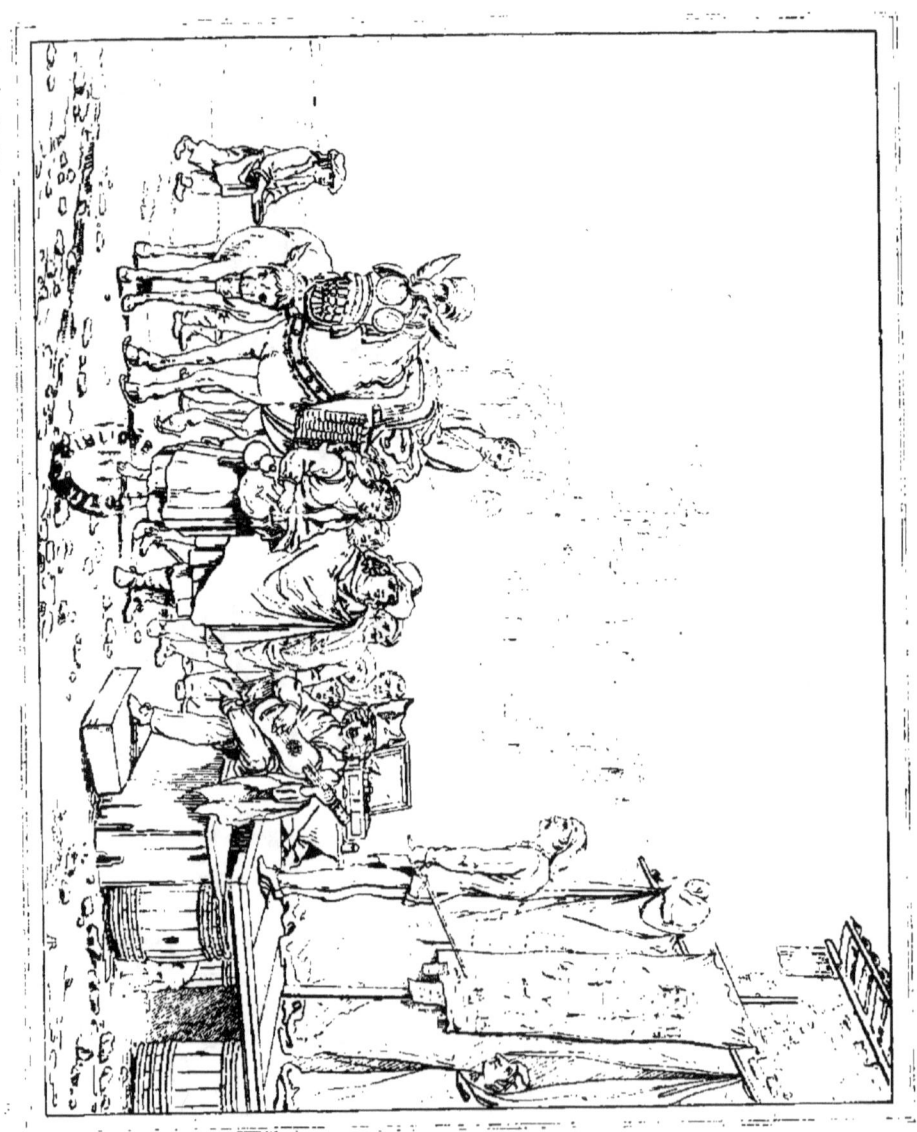

LE CHARLATAN.

On trouve dans ce tableau la couleur vigoureuse de l'école hollandaise et la composition de l'école italienne. Du Jardin, peintre habile, a fait peu de sujets historiques; mais ses paysages sont toujours ornés d'animaux et de figures dessinés avec goût et groupés avec talent. Ce tableau, l'un des plus beaux du maître, donne une idée juste de son goût pour ce que l'on nomme des *Bambochades*. Sur le devant d'un paysage, dans lequel on voit un grand monument en ruine, le peintre a représenté une de ces scènes si fréquentes en Italie. Un empirique, pour attirer le public, et vendre avec plus de facilité les drogues qu'il colporte, s'est associé avec des bateleurs, dont le métier est d'amuser les badeaux jusqu'à ce qu'ils soient assez nombreux pour que le charlatan viennent leur débiter les contes ridicules où il annoncera rapidement les cures inespérées, les guérisons inconcevables qu'il a obtenues, et dont les certificats authentiques se trouvent accrochés au bas de son portrait.

Ce tableau, dessiné avec esprit, est encore remarquable par l'harmonie du ton, l'entente du clair-obscur et la finesse de la touche. Il a fait partie du cabinet de M. Blondel de Gagny, et fut acheté à sa mort par Louis XVI.

Il a été gravé par F. A. David, Deboissieu, L. Garreau, Niquet, Houbigaut, et Chalon.

Larg., 1 pied 6 pouces; haut., 1 pied 3 pouces.

THE QUACK DOCTOR.

This picture combines the vigorous colouring of the Dutch School, and the composition of the Italian. Du Jardin, a clever painter, did few historical subjects; but his landscapes are always enlivened with animals and figures, nicely drawn and skilfully grouped. This picture, one of the finest of that master, gives an exact idea of his taste, in the style called *Bambocciate*. In the fore-ground of a landscape, displaying the ruins of a great building, the painter has represented one of those scenes so frequent in Italy. An itinerant Doctor, to attract the public, and the more easily to sell the drugs which he hawks about, has associated with some mountebanks, whose business it is to amuse the idle spectators until sufficiently numerous for the Quack to come forward, and glib over to them, ridiculous stories of the unhoped-for and marvellous cures he has obtained, and of which the attesting and authentic proofs are appended to his portrait.

This painting, which is spiritedly designed, is also remark- able for the harmony of the tone, the management of the chiaro-scuro, and the delicacy of the pencilling. It formed part of M. Blondel de Gagny's Collection, and, at his death, was purchased by Lewis XVI.

It has been engraved by F. A. David, Deboissieu, L. Gar- reau; Niquet, Houbigand, and Chalon.

Width, 19 inches; height, 16 inches.

NOTICE

FRANÇOIS et GUILLAUME MIÉRIS.

François Miéris naquit à Delft, en 1635. Son père, or-
fèvre et lapidaire, ne consentit qu'avec peine à le laisser étudier le dessin, et seulement dans l'espérance qu'en embras-
sant ensuite sa profession il s'y distinguerait plus facilement ;
mais il en fut autrement. François Miéris entra chez Gérard
Dow, dont il fut le meilleur élève ; cependant il le quitta
pour aller chez Adrien Vanden Tempel étudier l'histoire ;
mais cette grande manière n'était pas la sienne, et bientôt
il rentra chez Gérard Dow pour se livrer entièrement au
genre précieux de cet habile maître.

François Miéris fit un grand nombre de petits tableaux,
remplis de mérite, fort recherchés par tous les amateurs et
payés à des prix élevés. Il refusa les offres de l'archiduc
d'Autriche qui désirait l'attirer à Vienne, et resta toujours
en Hollande. Très-lié avec le peintre Steen, un soir, sortant
de chez lui, il se laissa tomber dans un cloaque : quoiqu'il
en eût été retiré promptement, il vécut peu de temps après cet
accident, et mourut, en 1681, âgé de quarante-six ans.

Guillaume Miéris naquit à Leyde, en 1662. Fils et élève de
François Miéris, il s'était déjà fait connaître avantageusement
lorsqu'il perdit son père, ayant à peine atteint l'âge de vingt ans.
Il peignit quelquefois des paysages et des animaux, et s'a-
musa aussi à modeler en terre et en cire des morceaux également pleins de mérite.

Vivant honorablement et jouissant d'une grande aisance,
Guillaume Miéris mourut à Leyde, en 1747, âgé de quatre-
vingt-cinq ans, laissant un fils du nom de François, et qui
s'exerça aussi dan s la peinture.

NOTICE

OF

FRANCIS AND WILLIAM MIERIS.

Francis Mieris was born at Delft, in 1635. His father, who was a goldsmith and lapidary, reluctantly consented to his learning to draw, in the hope of its ultimately furthering his success in his own pursuit : but the event disappointed his calculations : his son entered the school of Gerard Dow, and became his most distinguished pupil. He left it soon after, to study historical painting, under Adrian Vanden Tempel, but finding this large manner ill suited to his genius, he returned to Dow, and cultivated exclusively the style of that able master.

Francis Mieris produced a great number of small pieces of considerable merit, which are in great request among amateurs, and command high prices. He declined the Archduke of Austria's invitation to Vienna, and continued to reside in Holland. He was intimately connected with the painter Steen, on coming out of whose house, one evening, he fell into a privy; and though speedily rescued, he survived the accident but a short time, and died in 1681, aged forty six.

William Mieris, the son and pupil of Francis Mieris, was born at Leyden in 1662. He was already favourably known at his father's death, though not yet twenty years of age.

William Mieris sometimes painted laudscapes and animals. He also amused himself with modelling, in clay and wax, morcels of distinguished merit.

He was in very easy circumstances, and lived in creditable style. He died at Leyden, in 1747, at the age of eighty five, leaving a son, who was also a painter.

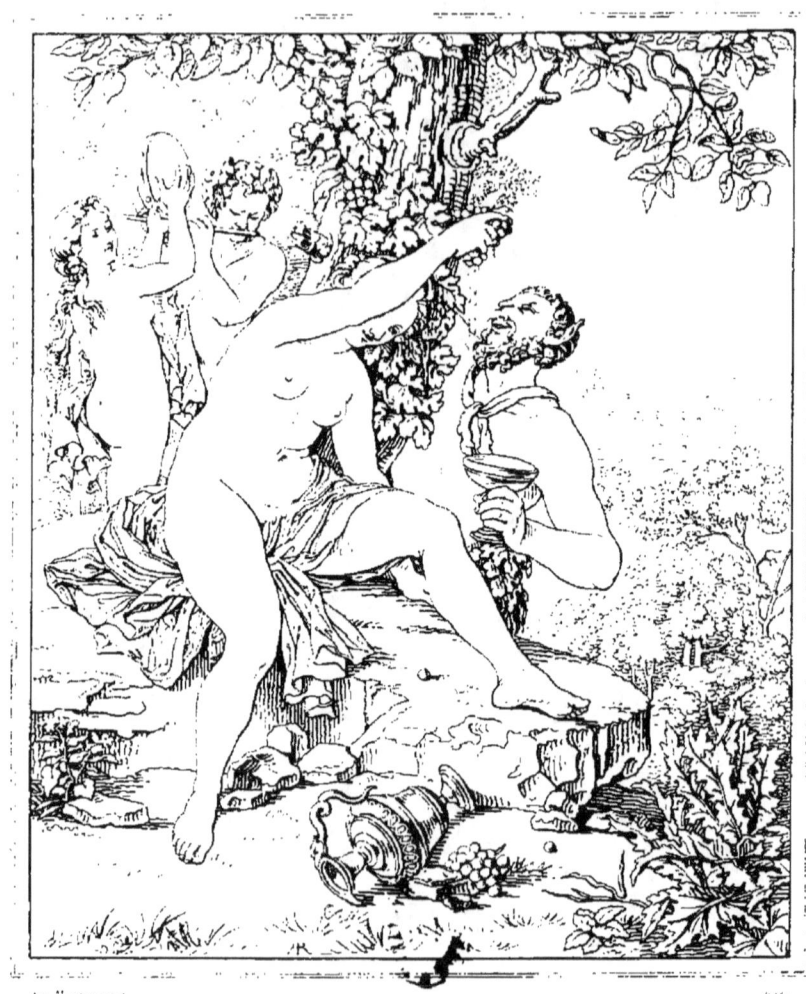

BACHANTES ET SATYRES

BACCHANTES ET SATYRES.

Miéris le père s'est écarté de son habitude, en offrant dans cette composition un sujet mythologique, au lieu d'une scène familière et dénuée d'intérêt. Ce n'est donc pas seulement sous le rapport du précieux fini qu'il doit être considéré. Le peintre nous fait voir qu'il savait dessiner le nu, cependant on pourrait désirer plus de grâce dans la pose de la figure principale. La couleur est des plus brillantes et pleine de châleur.

Ce petit tableau, peint sur cuivre, a été gravé par Bovinet, pour la galerie du Palais-Royal dont il faisait partie. Il est maintenant en Angleterre.

Haut., 10 pouces 6 lignes ; larg., 8 pouces 6 lignes.

729.

BACCHANT NYMPHS AND SATYRS.

Mieris Senr. has deviated from his custom by offering in this composition a mythological subject instead of a familiar scene void of interest. This picture must not be considered with respect to its high finish only. The painter has shown that he can draw the naked figure; but, still, more gracefulness in the attitude of the principal figure would have been wished for. The colouring is most brilliant and full of warmth.

This small picture, which is painted on copper, has been engraved by Bovinet for the Gallery of the Palais-Royal, of which it formed part : it now is in England.

Height 11¼ inches; width 9 inches.

729.

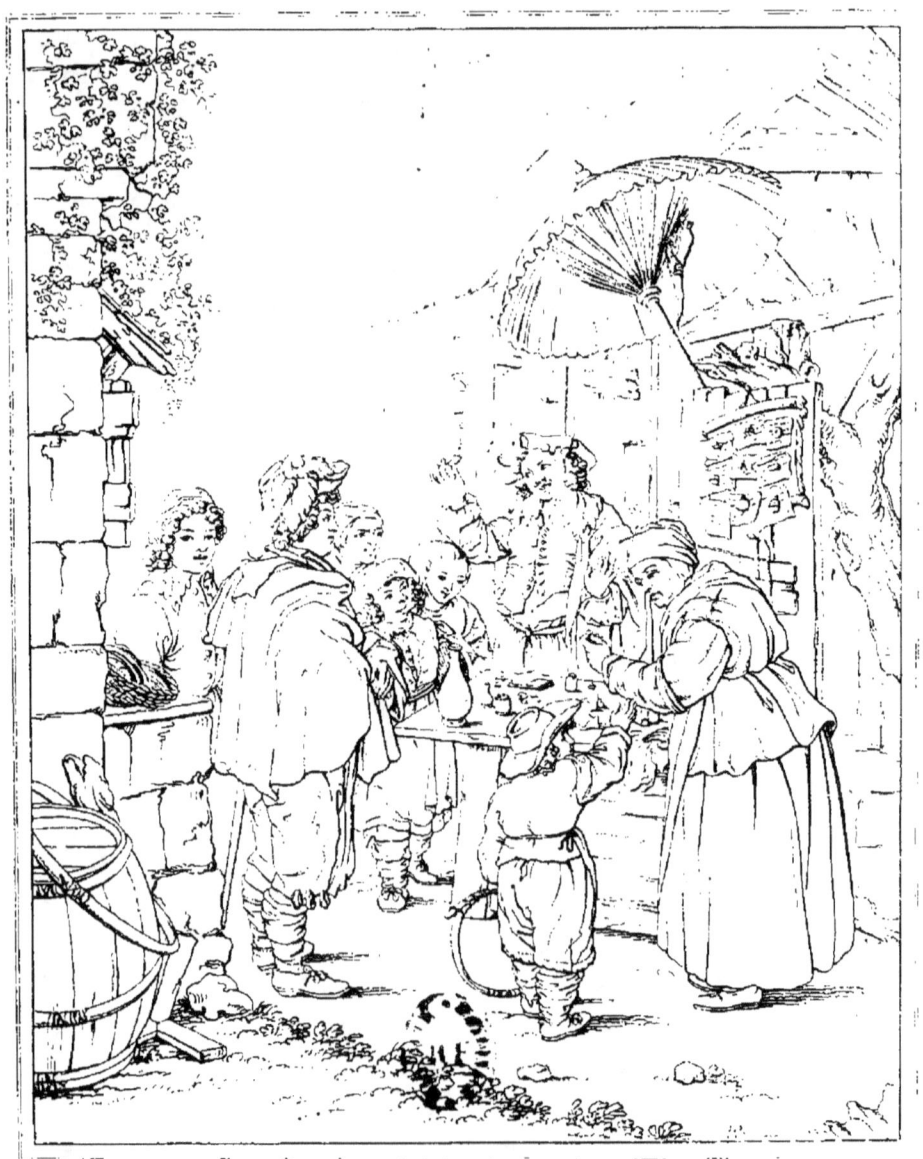

Fe Moer prt

CHARLATAN

CHARLATAN.

Un charlatan vient de s'établir au milieu d'une rue de village ; il appelle l'attention des spectateurs en leur offrant d'examiner l'objet de ses travaux, on croit même l'entendre promettre aux assistans de les opérer *san mal ni dolor*. Sa vieille compagne s'occupe d'un enfant, auquel elle paraît offrir un bonbon.

Tous les spectateurs sont attentifs, chacun d'eux exprime la sensation qu'il éprouve, avec une vérité et un naturel parfait, mais avec la variété que l'on doit attendre de la diversité des âges et des conditions. Les effets de la curiosité, de la compassion, de la crédulité ou de la crainte, sont merveilleusement empreints sur la figure de chacun des acteurs de cette scène burlesque.

La composition de ce tableau est aussi gracieuse que possible, les groupes sont bien distribués, le faire est d'une douceur admirable, et digne de Gérard Dow ; mais la couleur n'est pas des plus brillantes, le violet y domine un peu.

Ce petit tableau, peint sur bois, est signé *F. Mieris*. Il fait partie de ceux qui décorent la galerie de Florence, et a été gravé par Lasinio fils.

Haut., 1 pied 6 pouces ; larg., 1 pied 3 pouces.

THE QUACK.

A Quack has just set up in a village ; he is calling the attention of the beholders by requesting them to examine the object of his labours; you almost hear him promising his pa-
tients to operate on them *san mal ni dolor* : his old wife is
giving her attention to a child to whom she appears to offer
a sugar plum.

All the auditory are very attentive; each individual expresses
the sensation he feels with a perfect truth and simplicity, and
with that diversity to be expected from the differences of age
and rank. The effects of curiosity, of compassion, of credu-
lity, or of fear, are wonderfully delineated on the countenances of each of the assistants in this burlesque scene.

The composition of this picture is as graceful as is possible,
the groups are well cast, the execution of an admirable soft-
ness, and worthy of Gerard Dow ; but the colouring is not of
the brightest, violet rather predominating in it.

This small picture painted on wood is signed *F. Mieris*: it
forms part of those that adorn the Gallery of Florence, and
has been engraved by Lasinio jun.

Height, 19 inches ; width, 16 inches.

742

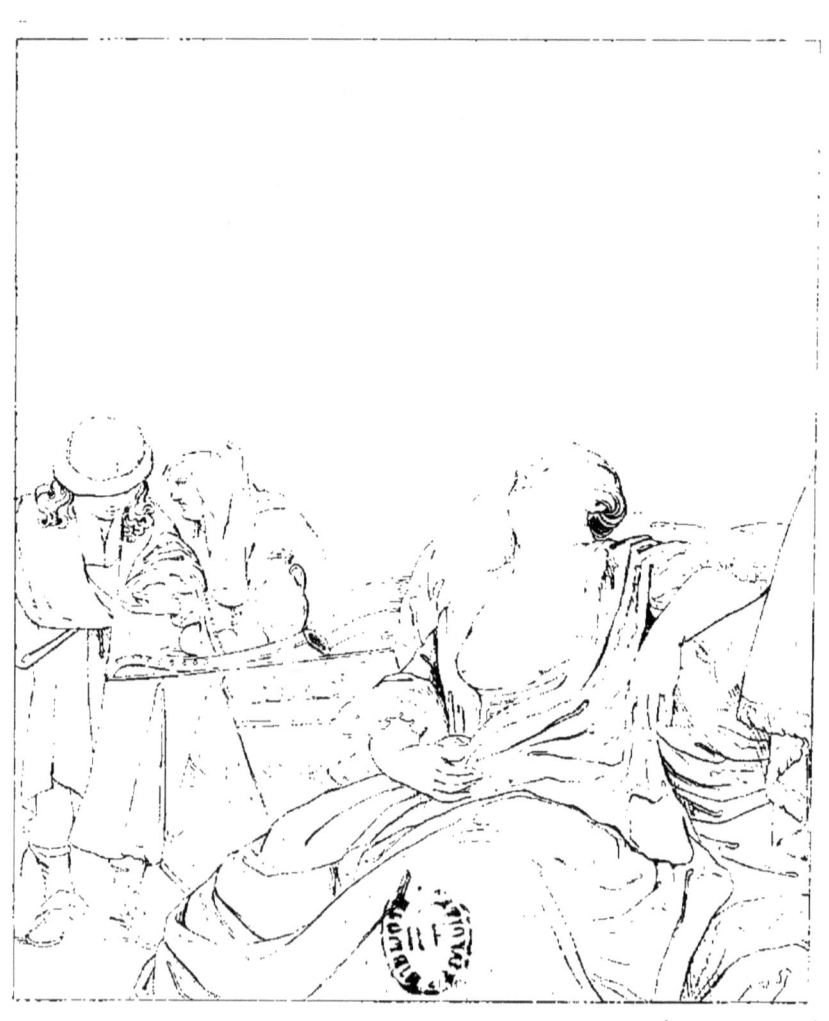

LA BOURSE. — 186

LA DORMEUSE.

Les peintres hollandais n'offrent pas ordinairement dans leurs tableaux de grands efforts de génie, et on ne peut guère parler de la composition des artistes de cette école, puisqu'ils se sont contentés ordinairement de rendre la nature avec toute la vérité qu'offrirait un miroir. Le clair-obscur de ce tableau est des plus parfaits; la lumière y est distribuée si heureusement que l'œil attiré par elle se porte d'abord sur la femme qui dort. Ses formes et son coloris sont des plus agréables, et rappellent le pays où vivait Mieris; on désirerait seulement un peu plus de variété dans certaines parties, et plus de fraîcheur dans les chairs qui sont un peu mates. Mais le satin, le linge, la fourrure et les velours sont d'une vérité si étonnante, qu'on oublie les légers défauts de ce petit tableau, l'un des plus jolis de la galerie de Florence.

Il a été gravé par Le Villain.

Haut., 10 pouces; larg., 8 pouces.

264.

>•⊏

THE SLEEPER.

Dutch painters display not usually in their pictures great efforts of genius, as to the artists of this school little can be said of them, in regard to composition, because they were generally satisfied with copying nature, as if they were reflecting it in a mirror. The clare-obscur of this production is perfect, and the light so well distributed, that the eye is drawn, at once, to the figure of the woman who is sleeping. The forms and the colouring of the accessories are most agreeable and bring to mind the country in which Mieris lived; the only thing we can desire is a little more variety in certain parts, and more freshness in the flesh, which is a little heavy. But the satin, the linen, the fur and the velvet are given with such astonishing truth, that we forget the trifling defects of this little picture, which is one of the sweetest in the gallery of Florence.

It has been engraved by Le Villain.

Height, 11 inches; breadth, 8 inches.

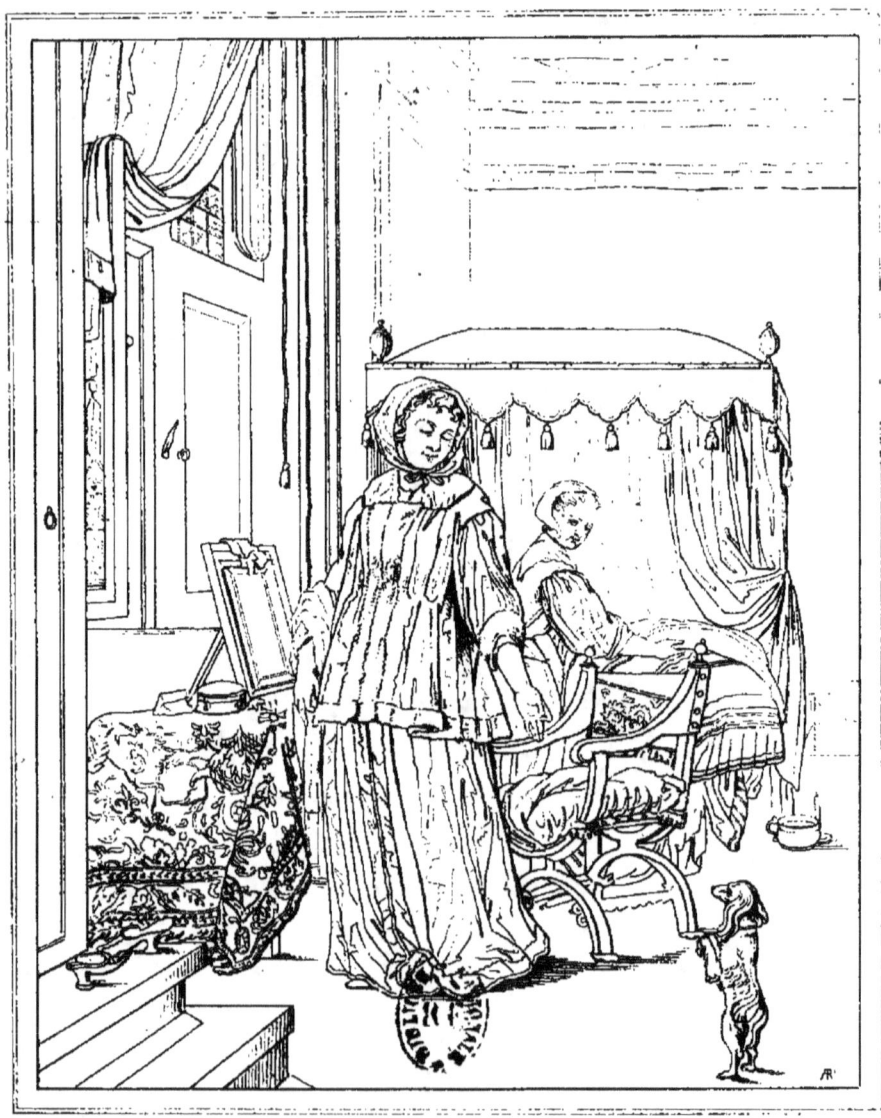

F. Mieris pinx
315.

LE LEVER.

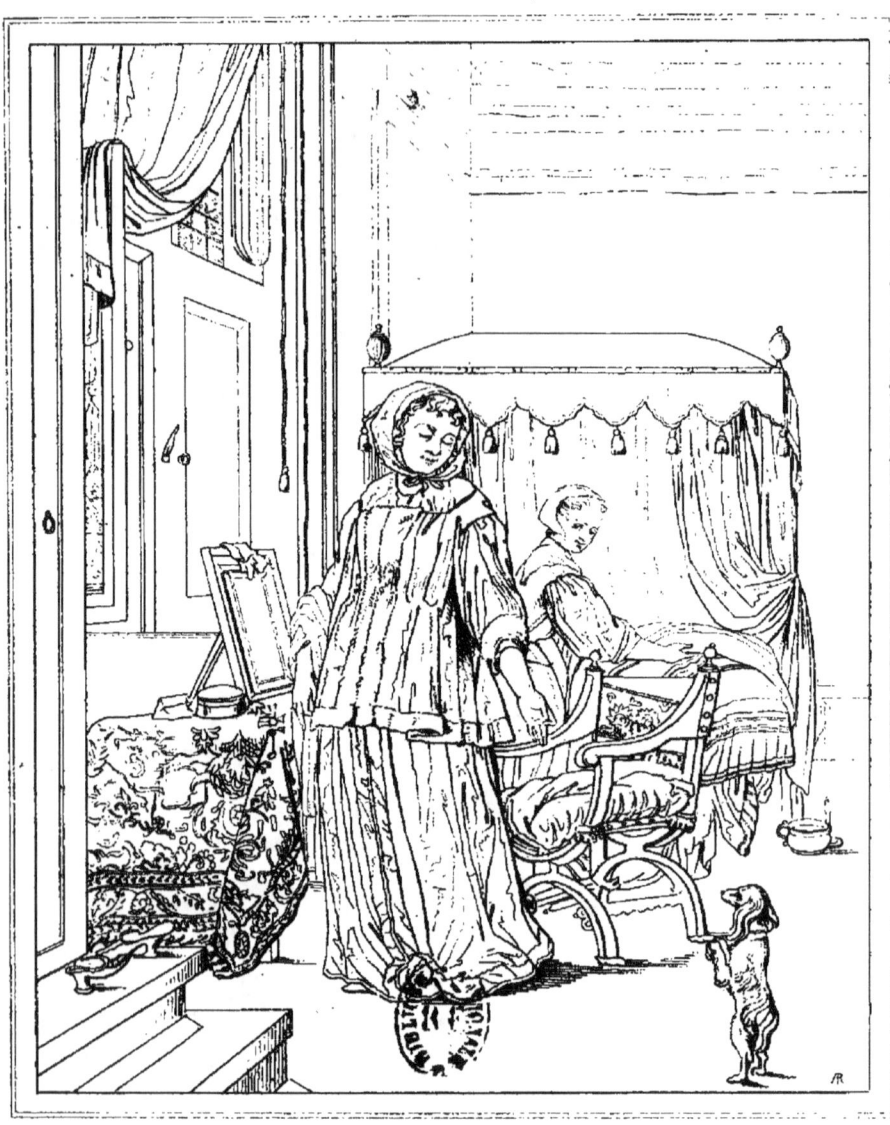

F Mieris pinx.   315.

LE LEVER.

LE LEVER.

Les tableaux de presque tous les peintres hollandais ne sont que des représentations exactes de scènes familières ; celle-ci est des plus simples. Une dame vient de se lever ; elle est debout dans le milieu de son appartement, vêtue d'une espèce de mantelet de velours vert garni d'hermine. La servante paraît distraite de ses occupations et s'amuse à voir la gentillesse d'un petit chien que fait danser sa maîtresse.

On ne peut voir ce petit tableau sans admirer son fini précieux, une couleur vive, une touche spirituelle et facile. Les détails y sont tous faits avec un soin extrême, et le tapis de Turquie est surtout très remarquable par la vérité avec laquelle il est rendu.

Ce tableau est peint sur bois ; il a appartenu autrefois à l'électeur de Bavière. Depuis il passa dans le cabinet du comte de Bruhl, et fut acquis ensuite par l'impératrice Catherine II. Il est maintenant dans la galerie de l'Ermitage à Saint-Pétersbourg.

Haut., 1 pied 7 pouces ; larg., 1 pied 3 pouces.

MORNING.

Most of the Dutch painters' pictures are only faithful deli-
neations of familiar scenes; this is one of the simplest. A lady
has just risen : she is standing in the middle of her room, and is
dressed in a kind of green velvet mantle, trimmed with ermine.
The servant, whose attention appears taken from her work, is
amusing herself, looking at a playful little dog, that its mistress is dancing.

This small picture cannot be seen without exciting admiration for its exquisite finishing, its bright colouring, its spirited
and delicate touch. The details are all rendered with extreme
care : the Turkey carpet is particularly remarkable for the
exactness with which it is given.

This picture is painted on wood : it formerly belonged to the
Elector of Bavaria; it was afterwards in Count de Bruhl's collection, but was subsequently purchased by the Empress Catherine II. It is now at St. Petersburg, in the Hermitage gallery.

Height, 1 foot 8 inches; width, 1 foot 4 inches.

>•<

JEUNE FEMME
REFUSANT LES OFFRES D'UN VIEILLARD.

Ainsi que plusieurs autres peintres hollandais, François Mieris n'a peint que des scènes familières ; mais elles sont rendues avec tant de soin, on y trouve une si grande vérité, elles sont exécutées avec une telle perfection, que ses tableaux sont fort recherchés.

Celui-ci représente une jeune femme refusant avec dédain les offres d'un vieillard, qui s'était persuadé que celle qu'il aime céderait facilement à la vue d'une bourse pleine d'or.

Ce tableau est très remarquable par l'effet du clair-obscur, et par un coloris des plus brillans ; il fait partie de la galerie de Florence, où il fut placé par le grand-duc Cosme III. Ce prince, pendant son séjour en Hollande, avait apprécié le talent de Mieris, qu'il allait voir travailler, et auquel il commanda plusieurs tableaux.

Il a été gravé par Lavallée.

Haut., 1 pied 3 pouces? larg., 1 pied?

D 3.   465.

A YOUNG WOMAN

REJECTING THE ADVANCES OF AN OLD MAN.

Francis Mieris, like several other Dutch artists, has painted familiar scenes only; but they are given with so much care; so much truth is found in them; they are executed in such perfection, that his pictures are greatly sought after.

This represents a young woman disdainfully refusing the proffers of an old man, who had persuaded himself, that, she whom he loved, would easily yield at the sight of a purse full of gold.

This picture is very remarkable for the effect of the chiaro-scuro, and for a most brilliant colouring. It forms part of the Gallery of Florence, where it was placed by the Grand Duke Cosmo III. This Prince during his residence in Holland, had appreciated the talent of Mieris, whom he used to go to see while working, and of whom he ordered several pictures.

It has been engraved by Lavallée.

Height, 16 inches? width, 13 inches?

455.

NOTICE

SUR

JEAN LE DUC.

Jean le Duc naquit à La Haye en 1636. Élève de Paul Potter, il imita la manière de son maître; mais par une singularité difficile à comprendre, et qui sans doute ne peut
s'expliquer que par les troubles qui désolèrent la Hollande, à
cette époque, le Duc prit le parti des armes, devint capitaine,
et reçut le nom de *brave*.

Il est à croire cependant qu'il n'abandonna pas entièrement
les arts, puisque en 1671 il fut nommé directeur de l'académie
de peinture à La Haye.

On ignore l'année de sa mort.

NOTICE

OF

JEAN LE DUC.

Jean le Duc born at the Hague, in 1636, was a pupil of Paul Potter, he imitated his master's manner; but through a singularity hard to be comprehended, and which doubtless can be explained only from the broils which desolated Holland at that period, le Duc took up arms, became a captain, and was known by the name of *brave*.

It is however to be thought he did not entirely forsake the arts, as, in 1671 he was named Director of the Academy of painting at the Hague.

The year of his death is unknown.

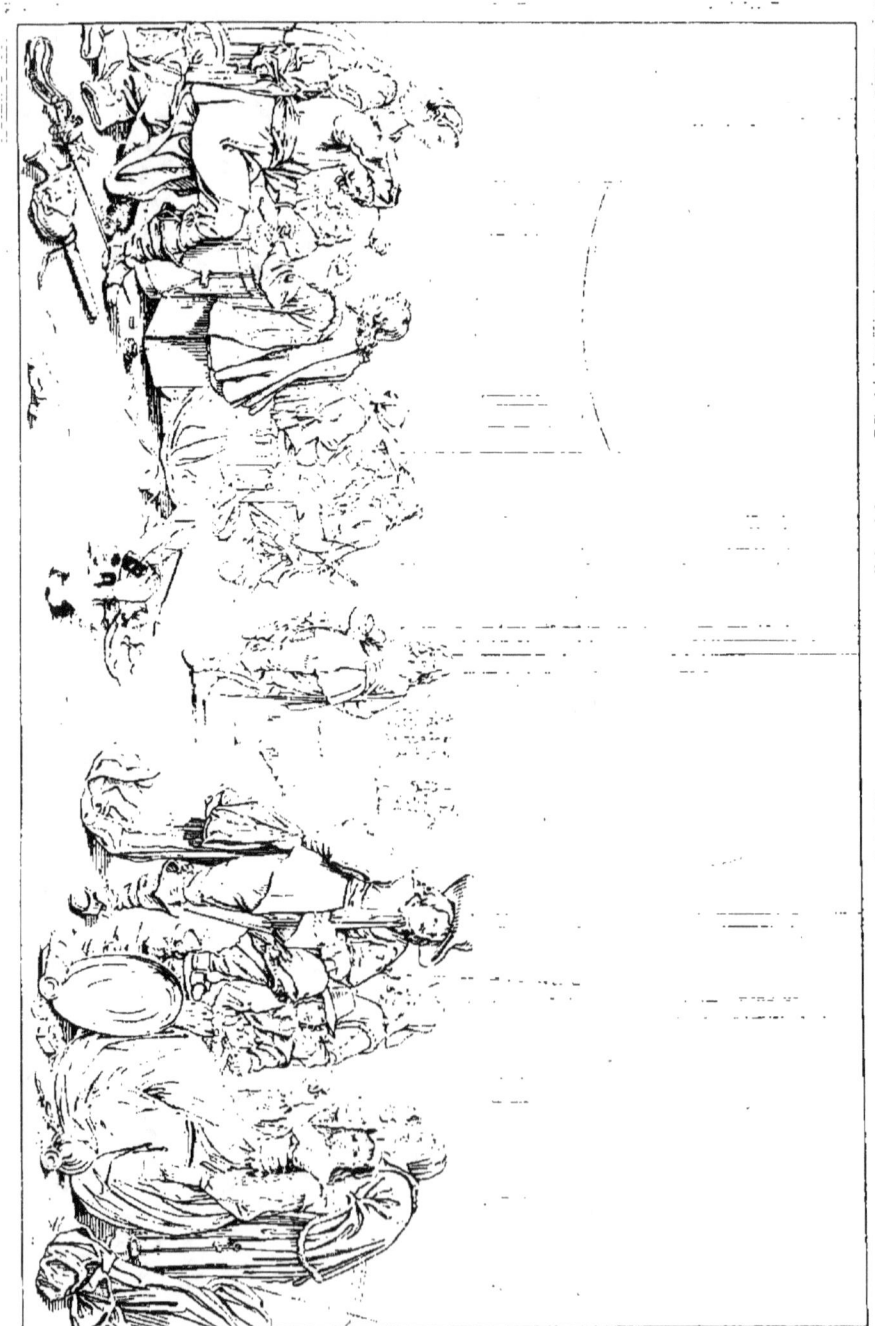

>•◄

CORPS-DE-GARDE HOLLANDAIS.

Peut-on regarder comme un corps-de-garde le vestibule d'un palais, où le peintre a placé plusieurs groupes d'officiers et de soldats qui s'amusent de manières différentes, et toutes assez peu convenables à des militaires préposés pour la garde d'honneur, ou pour la sûreté du commandant près duquel ils sont placés.

Cette composition paraît être plutôt une fantaisie de l'artiste que la peinture fidèle d'un corps-de-garde, où doivent régner la subordination et la régularité de la discipline. Comment concevoir la licence qui règne ici parmi les soldats; le désordre, la confusion et le fatras des accessoires. Drapeaux, vêtemens, ustensiles, bijoux, armes, tout est pêle-mêle et dispersé sur le parquet. Si le peintre a fait son tableau d'après nature, il faut convenir que les corps-de-garde hollandais, de son temps, ressemblaient beaucoup à des tabagies, ou même à quelque mauvais lieu.

Ce tableau est plein d'harmonie et d'un ton suave, mais la couleur est peu agréable; on désirerait aussi que les figures fussent moins maniérées; que les physionomies, surtout celles des femmes, eussent des traits plus gracieux, puisque Le Duc a mis le soin de les peindre avec cette délicatesse et ce fini qui caractérisent.

On voit ce tableau dans la grande galerie du Louvre; il a été gravé par Masquelier.

Larg., 2 pieds 4 pouces; 1 pied 8 pouces.

A DUTCH GUARD ROOM.

Can the hall of a palace be considered a Guard Room because the artist has placed there several groups of officers and
soldiers, amusing themselves variously, and in a manner ill-
becoming military men, set as a guard of honour, or for the
safety of the commander, near whom they are supposed to be
on duty?

This composition rather appears to be a whim of the artist,
than the faithful representation of a Guard Room, where, subordination and a regular discipline must necessarily exist.
How is it possible to conceive the licentiousness, that reigns
here among the soldiers; the disorder, confusion, and trash of
the accessories: flags, garments, jewels, utensils, arms, all
heaped, or carelessly dispersed over the floor. If the painter
took his picture from life, it must be acknowledged, that,
in his time, Dutch Guard Rooms greatly resembled tap-rooms,
or even worse places.

This picture is full of harmony, and of a soft tone, but the
colouring is not very pleasing: it would have been wished
there had been less mannerism in his figures; that the countenances, particularly those of the women, had had more graceful features, since Le Duc has taken care to paint them with
that delicacy and finish which characterize him.

This picture is in the Grand Gallery of the Louvre: it has
been engraved by Masquelier.

Width, 2 feet 6 inches; height, 21 inches.

538.

NOTICE

JEAN STEEN.

Jean Steen, fils d'un brasseur, naquit à Leyde en 1636. Élève de Knuffer, de Brauwer et de Van Goyen, dont par la suite il épousa la fille, il a rarement traité des sujets d'histoire, et pourtant il l'a fait avec succès. Passant sa vie au cabaret et presque toujours dans l'ivresse, il a peint habituellement des scènes crapuleuses et souvent obscènes.

Il est à regretter qu'il ne soit pas allé en Italie étudier Raphaël, il eût sans doute fait beaucoup mieux : cependant ses tableaux sont fort recherchés, à cause de la beauté de leur coloris.

La débauche continuelle dans laquelle il vécut amena la misère d'autant plus facilement, qu'il avait eu six enfans de sa première femme. Il épousa ensuite une veuve qui lui en apporta deux, et il en eut deux autres avec elle.

Il mourut dans une extrême détresse en 1689, âgé de 53 ans.

NOTICE

OF

JEAN STEEN.

Jean Steen, the son of a brewer was born at Leyde, in 1636. A scholar of Knuffer, Brauwer, and Van Goyen whose daughter he afterwards married, this artist has seldom drawn historical pieces, although he was very successful in them. Spending his time in public houses, being almost always intoxicated, he commonly painted fuddling and often filthy descriptions.

It is to be lamented he did not go to Italy to study Raphael, for he undoubtedly would have done better : however his pictures are much searched after on account of their beauty and colouring.

The continual debauchery which he lived in, hastened so much the more easily his calamity as he had six children by his first wife. He afterwards married a widow, who brought him two of hers, and he had two more by her.

This painter died in the greatest distress, in 1689, aged 53.

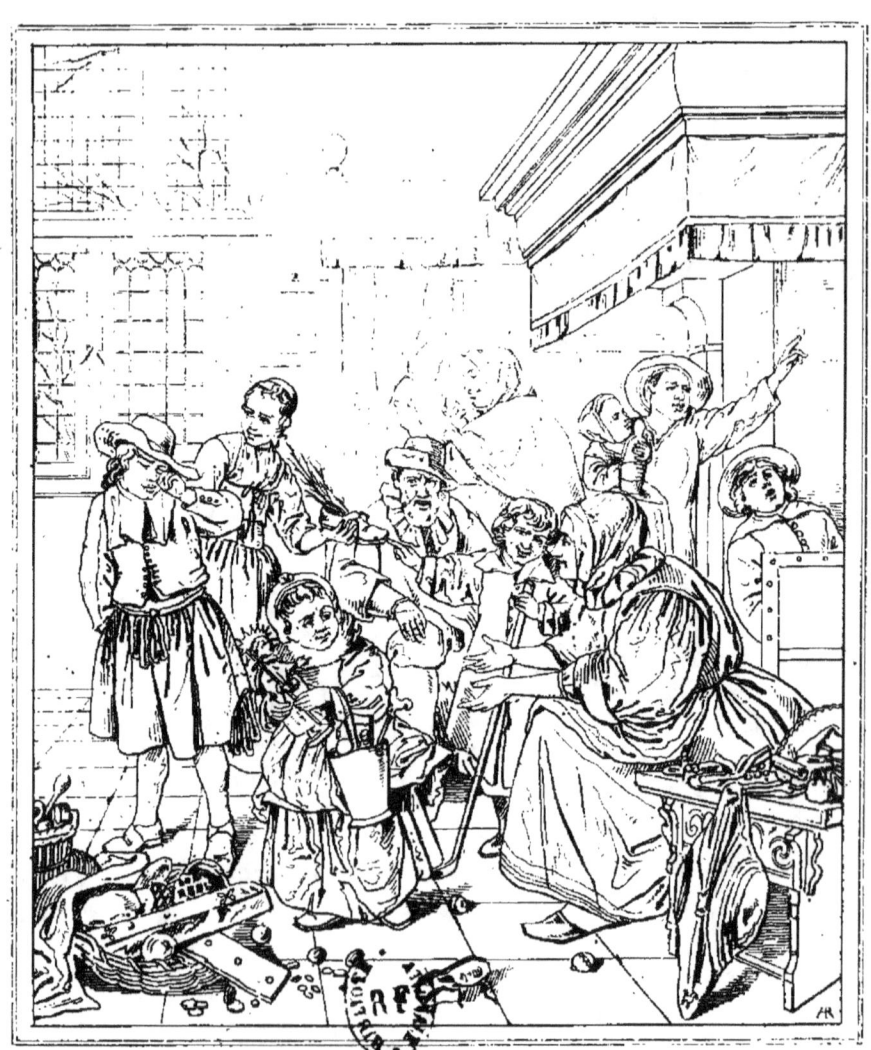

J. Steen pinx.   212

LA Sᵗ NICOLAS.

># ●=⊂

LA SAINT-NICOLAS.

De même que la Sainte-Catherine est la fête des jeunes personnes, la Saint-Nicolas est celle des enfans. Quoique l'habitude de la fêter soit maintenant négligée, on se souvient encore
qu'autrefois c'était une fête de famille. Long-temps d'avance,
les parens engageaient leurs enfans à être sages, et *vienne la St-
Nicolas* tu en seras récompensé, disaient-ils. En effet, dès le ré-
veil, chacun d'eux trouvait sur son lit, les jouets, les gâteaux
que le saint avait apporté pendant la nuit. Ceux qui n'avaient
pas voulu tenir compte de l'avis, en étaient punis ; rien d'agréable ne s'offrait à leurs yeux, quelquefois même une poignée de
verges se trouvait placée dans leur soulier.

La servante paraît jouir du chagrin un peu niais occasioné à
l'un des enfans par la vue de ces verges, tandis que la grand'
mère, voulant faire cesser les pleurs, s'approche du lit dont elle
tire le rideau, et fait signe à son petit-fils de venir la trouver,
afin d'avoir aussi son cadeau. A droite, on voit le père indiquant
à deux de ses enfans que le saint est venu et reparti par la
cheminée. L'éducation que reçoivent maintenant les enfans
les empêcherait de croire à de semblables contes ; mais le
peintre Jean Steen a représenté avec beaucoup de justesse une
scène qui rappelle l'esprit de son siècle.

Ce tableau est maintenant au Musée d'Amsterdam ; il a été
fort bien gravé par Jean de More.

Haut., 1 pied 3 pouces? larg., 1 pied?

THE FESTIVAL OF Sᵀ. NICHOLAS.

In the same manner as St. Catherine's day is the festival of young girls, so, on the continent, the anniversary of St. Nicholas, is also that of boys. Although the custom is now much neglected, still it is yet remembered, that formerly it was a family festival. For a long time previous, parents induced their children to be good, by promising they should be rewarded, *come St. Nicholas day*. In fact, each boy on awaking found upon his bed, the playthings, or the cakes which the Saint had conveyed thither during the night. Those who had been heedless of advice were punished for it, as nothing agreeable offered itself to their sight whilst sometimes a rod was found in one of their shoes.

The maid servant appears to enjoy the rather silly grief, felt by one the boys, at the sight of the rod, but his grand mother willing to dry up his tears, goes near the bed of which she draws the curtain aside, making a sign to her grandson to come to her, that he also may have a gift. On the right hand, the father is seen, showing to two of his children, that the Saint came and went away again by the chimney. The education now given to children would prevent their believing similar tales yet the painter Jan Steen, has represented, with great accucacy, a scene, that recals the spirit of his age.

This picture is now iu the Museum of Amsterdam : it has been finely engraved by John de More.

Height, 16 inches? width, 13 inches.

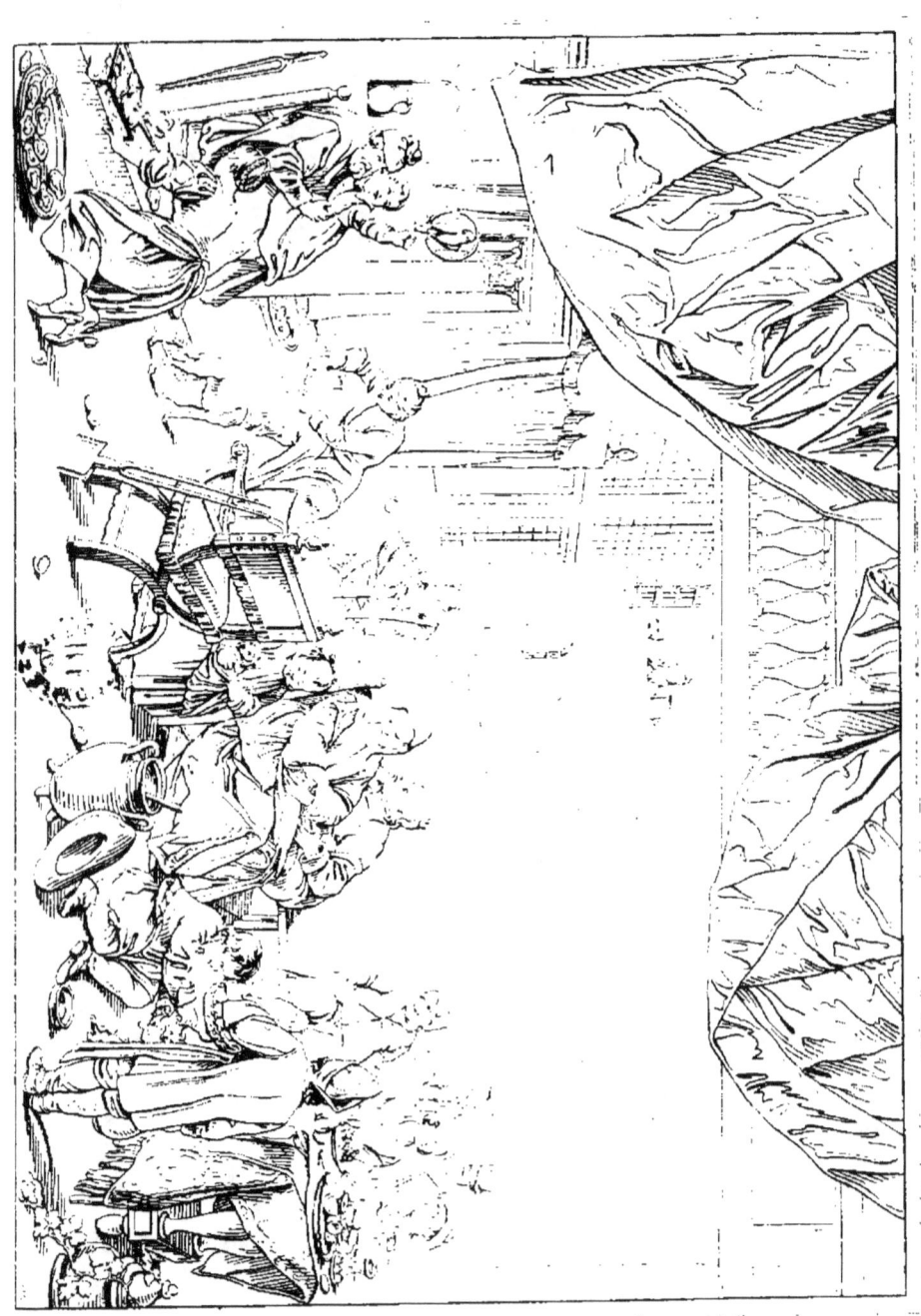

RÉUNION JOYEUSE.

Le peintre Jean Steen, se livrant habituellement à la débauche, a peint ordinairement les scènes qu'il voyait. On a cru apparemment qu'il ne pouvait employer son pinceau à d'autres objets, et on a voulu voir ici l'intérieur d'un Musico hollandais, espèce de mauvais lieu où l'on entre pour boire, fumer, et quelquefois chanter ou danser, avec des femmes toujours prêtes à se prêter à toute espèce d'amusement. Tel n'est pas assurément le lieu de la scène. C'est l'intérieur de la maison du peintre avec sa famille.

Jean Steen est assis à droite auprès d'une personne qui est à table mangeant des huîtres, tandis qu'il joue du luth. Sa femme est assise au milieu de la pièce, ayant près d'elle deux de ses enfans ; le père du peintre en tient un troisième dans ses bras, tandis qu'une servante, près de lui sur le devant, est occupée à placer des huîtres sur un gril, pour les faire cuire. Le nom du peintre se voit sur la colonne à droite.

Ce tableau, remarquable par la couleur et son brillant effet, a fait autrefois partie du cabinet de M. Lormier. Il passa depuis dans celui du Stathouder. Apporté ensuite au Musée de Paris, il se voit maintenant au Musée de La Haye. Ce tableau a été gravé par Oortman.

Larg. 2 pieds 6 pouces , haut. 1 pied 8 pouces.

688.

A MERRY MEETING.

The painter Jan Steen, giving himself up to loose pleasures, has generally represented such scenes as he witnessed. It has thence been thought that he could not turn his pencil to any other subjects; and it has been imagined, he wished to delineate here, a Dutch Musico, a species of low lived place, frequented for the purpose of drinking, smoking, and sometimes singing, or dancing with females, ever ready to lend themselves to every kind of amusement. Such certainly is not the present scene : it is a view of the painter's house and family.

Jan Steen is sitting on the right hand near a female, who is at table eating oysters, whilst he plays on the lute. His wife sits in the middle of the room ; near her are two of her children; the painter's father holds another in his arms, whilst a maid-servant, near him, in the fore-ground, is busily employed placing oysters on a gridiron to scollop them. The artist's name is seen on the column to the right.

This painting, which is remarkable for its colouring and brilliant effect, formerly formed part of M. Lormier's Collection: it was afterwards in the Stadtholder's. It subsequently came into the Paris Museum, but is now in that of the Hague. This picture has been engraved by Oortman.

Width, 2 feet 7 ¼ inches ; height, 1 foot 9 inches.

688.

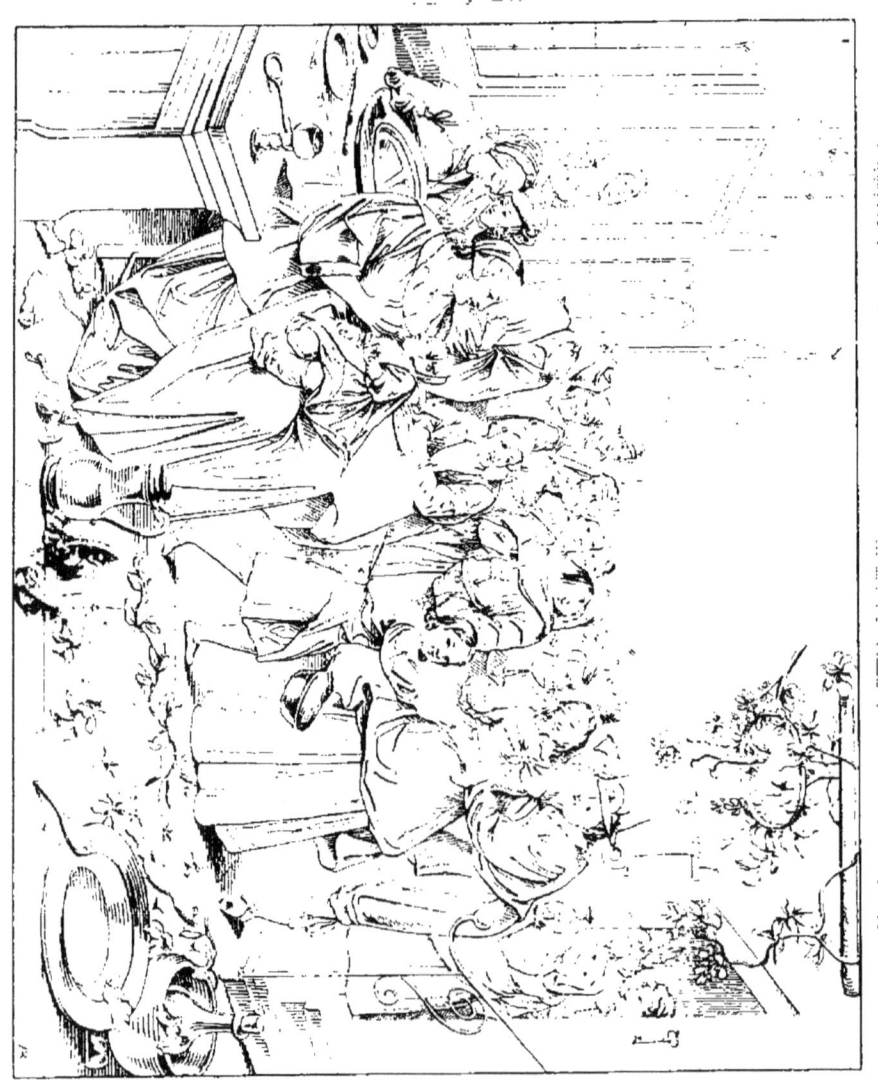

LA NOCE JOYEUSE.

Le peintre, Jean Steen, a représenté dans ce tableau une noce bruyante, dans laquelle il s'est plu à faire contraster les minauderies de la mariée, qui cependant ne paraît pas très-naïve, avec le vif empressement de l'époux qui ne semble pas être bien jeune.

Une vieille femme tient une lumière à la main et va conduire l'heureux couple dans la chambre nuptiale ; cependant le jour paraît à travers les croisées, ce qui ferait croire que le repas et la danse se sont prolongés assez long-temps pour que l'aurore se fasse déjà sentir. Un jeune garçon de l'auberge où se fait la noce, semble vouloir aider l'époux à emmener sa femme ; mais pourquoi tient-il une bassinoire à la main ? C'est sans doute une ironie du peintre ; mais contre lequel des époux est-elle dirigée ?

Le personnage que l'on peut remarquer, au milieu de la salle, tenant un tambourin, et la tête couverte d'un bonnet blanc, est Jean Steen, qui, comme on le sait, était peintre, brasseur et aubergiste. On ignore le nom des autres personnes représentées dans ce tableau, mais toutes les têtes sont certainement des portraits.

Ce charmant tableau est un des ouvrages les plus accomplis du maître ; le coloris est des plus brillans, et la touche en est très-fine. Il se voit à Vienne dans la galerie du Belvédère, et et a été gravé par M. Hofmann.

Larg., 2. pieds 2 p. ; haut. 1 pied 9 p.

THE MERRY WEDDING.

The painter, Jean Steen, has represented a noisy wedding, in which he contrasts the primness of the Bride (who however does not appear very simple), with the officious attention of the husband, who is far from young. An old woman is seen holding a light in her hand, and is going to conduct the happy couple to the nuptial chamber; day-light appears gleaming through the window, which induces a belief, that the feast and dance have been prolonged, until the morning is far advanced.

A young boy of the inn, where the wedding is celebrated, seems helping the husband to conduct his wife, but why does he carry a warming pan? It is no doubt an irony of the painter's, but to which of the two does it apply?

The person who is seen in the midst of the room holding a tambarine, and wearing a white night cap is Jean Steen, he was known as painter, brewer and Inn keeper. The names of the other persons, are not known, but they are certainly all portraits.

This charming picture is one of the most finished productions of this master, the colouring is extremely brilliant, and the execution delightful. It is placed in the Belvedere Gallery, and has been engraved by Hofman.

Width 2 feet 3 inches; height 1 foot 10 inches.

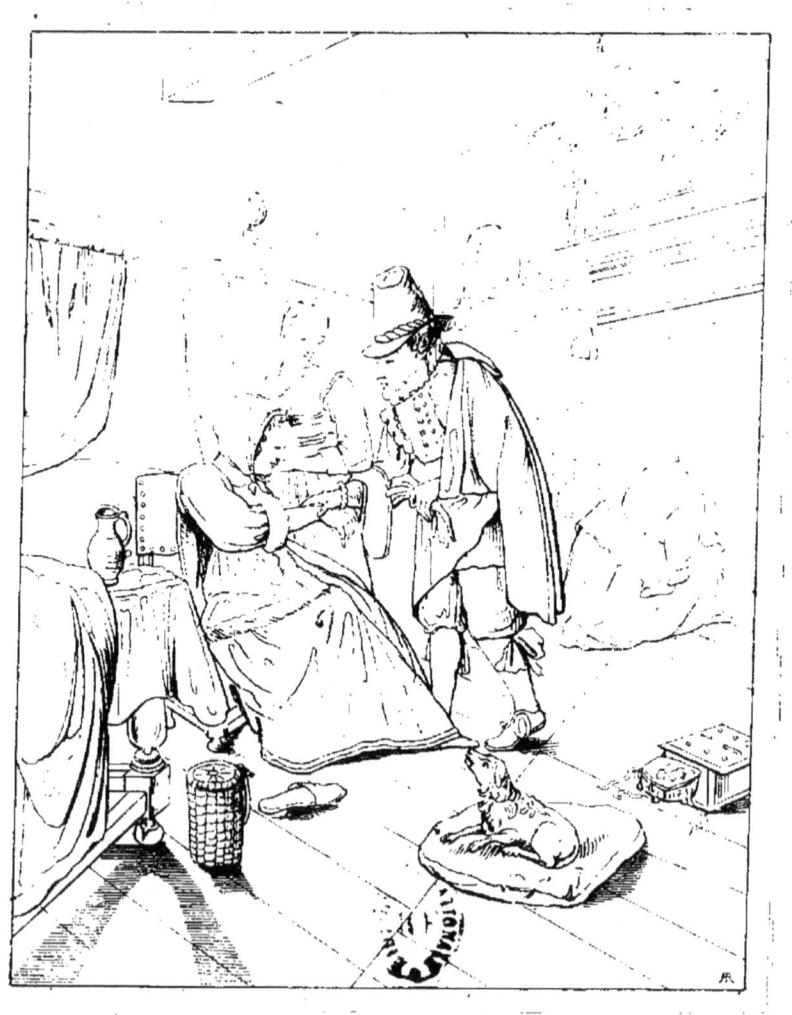

UNE MALADE ET SON MÉDECIN

>•<

UNE MALADE

ET SON MÉDECIN.

Une jeune femme se trouvant indisposée vient de faire appeler son médecin ; elle lui présente son bras, et le docteur, en lui tâtant le pouls, paraît avoir quelques doutes sur la maladie dont on se garde bien de lui dire la cause. La jeune fille debout près de sa maîtresse, paraît attendre avec anxiété la décision du médecin, qui pourrait bien aussi garder le silence sur la véritable cause du mal.

Le peintre cependant a eu soin de faire connaître sa pensée par des accessoires auxquels on ne porte pas d'abord une grande attention. Une statue de l'Amour, tenant en main l'un de ses traits empoisonnés, est placée sur le coin de la cheminée. Cette indication suffit déja pour mettre sur la voie. Mais il a voulu rendre son idée d'une manière encore plus sensible, en faisant voir sur la cheminée une partie d'un tableau dont la composition présente un cavalier s'éloignant au grand galop. Il est suivi d'un domestique, et va sans doute à l'armée ; mais la gloire qu'il veut acquérir le forçant à s'éloigner, son absence ne peut qu'augmenter les craintes de celle dont il est tendrement aimé.

Parmi les tableaux de Jean Steen, celui-ci est du petit nombre de ceux qui ne présentent rien de trivial. Il est peint sur bois, et fait partie du musée de La Haye.

Haut., 5 pieds 7 pouces ; larg., 4 pieds 7 pouces.

A PATIENT

AND HER PHYSICIAN.

A young woman, finding herself unwell, has just sent for a physician : she presents to him her arm, and the doctor whilst feeling her pulse, seems to have some doubts as to the malady, the cause of which is carefully kept from him. The young girl who is standing near her mistress, appears to anxiously await the physician's decision, who, probably, will also be silent, as to the true source of the disorder.

The artist has however taken care to impart his thought by some accessories, to which, at first, no great attention is given. A statue of Cupid, holding one of his poisoned darts, is placed on the corner of the mantle piece. This indication is already sufficient to give a clue. But he has wished to express his idea in a manner still more palpable, by displaying over the chimney-piece part of a picture, the composition of which represents a horseman, riding away at full speed. He is followed by a servant, and is, no doubt, going to join the army : but the glory he seeks to acquire, forcing him away, his absence can but increase the fears of her, by whom he is tenderly loved.

Among John Steen's pictures, this is one of the few that present nothing trivial. It is painted on wood, and forms part of the Museum at the Hague.

Height, 5 feet 11 inches; width, 4 feet 10 ½ inches.

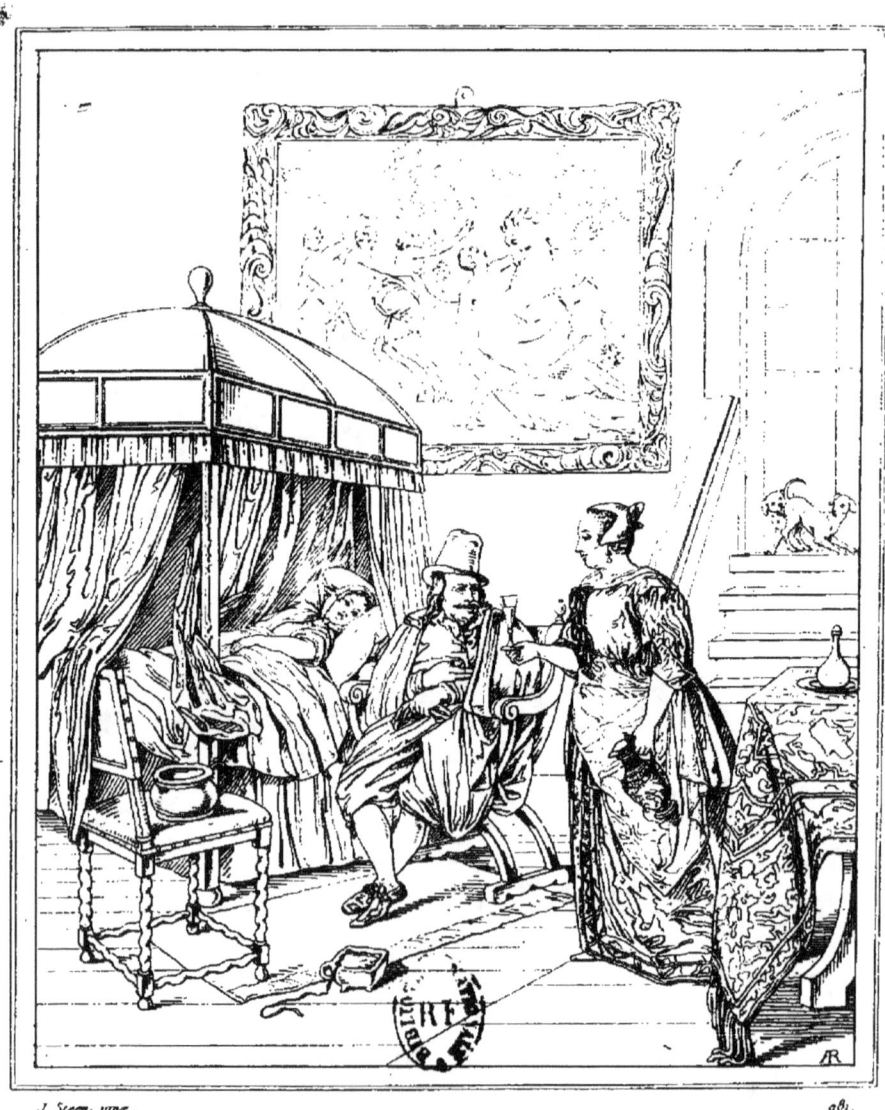

UNE FEMME MALADE.

JEUNE FEMME MALADE.

Le peintre Jean Steen vivant habituellement dans la débauche, ses tableaux représentent ordinairement des scènes grivoises, celui-ci cependant n'est pas de ce nombre.

Une jeune femme malade reçoit la visite de son médecin ; il est assis près de son lit, enveloppé dans un grand manteau noir, les jambes croisées et tenant ses gants de la main gauche. L'indolence de cette pose, semble annoncer que le docteur paraît peu occupé, du motif pour lequel il est appelé ; mais, connaissant probablement ses goûts, la mère de la jeune malade lui présente un verre de vin. Cette boisson réveille en lui un sentiment de sensualité ; ses yeux brillans, sa bouche de satyre, son sourire lubrique, tout démontre le plaisir qu'il éprouve à recevoir cette liqueur, présentée par une main gracieuse. La tête du médecin est un chef-d'œuvre d'expression. La physionomie de la mère est décente et noble. La pose de la jeune personne n'indique pas une maladie bien grave.

Le dessin et le coloris de cette figure sont trop négligés pour qu'on les critique. Les ombres principales dans ce tableau, manquent de vigueur, et peut-être les masses de lumières n'offrent-elles pas assez de variété.

Ce précieux ouvrage a été vu dans la galerie du Louvre, il est maintenant à La Haye. Il a été gravé par Avril père.

Haut., 1 pied 8 pouces; larg., 1 pied 5 pouces.

THE SICK YOUNG WOMAN.

The painter John Steen living constantly in excess, his pictures generally represent loose scenes; this however, is not of that description.

A young woman who is ill, receives a visit from her physician; he is seated near the bed, wrapt up in a large black cloak, his legs crossed, and holding his gloves in his left hand. The supineness of this attitude, seems to point out, that the doctor is but little occupied by the circumstance about which he is consulted : probably knowing his inclinations, the mother of the invalid presents him a glass of wine. This beverage awakens in him a feeling of sensuality: his sparkling eyes, his satyr-like mouth, his lascivious smile, all express the pleasure which pervades him in receiving this liquor, presented by a beautiful hand. The head of the doctor, is a master-piece of expression, and the countenance of the mother, is becoming, and noble; the attitude however of the young person, does not seem to indicate a very serious disease.

The design and colouring of this figure, are in too negligent a stile, to admit of being criticised. The principal shadows in this painting want vigour, and perhaps the masses of light do not present sufficient variety.

This valuable work was exhibited in the Gallery of the Louvre, it is now at the Hague, and has been engraved by Avril senior.

Height 1 foot 9 inches; 1 foot 6 inches.

981.

NOTICE

SUR

JACQUES RUISDAEL.

Jacques Ruisdael naquit à Harlem en 1636; il avait d'abord étudié la chirurgie, et s'y était fait remarquer, dit-on, lorsqu'il changea de profession et se consacra entièrement à la peinture. Ami de Berghem il en reçut probablement des leçons, et de même que lui il n'alla jamais en Italie.

Ses tableaux sont remarquables par un pinceau plein de finesse, une couleur vigoureuse, de belles oppositions d'ombres et de lumières. Il a quelquefois eu recours à Vande Velde ou à Van Ostade pour placer quelques figures dans ses paysages.

Ruisdael a gravé à l'eau-forte 7 pièces d'une pointe large et facile. Les premières épreuves de ces estampes se payent fort cher.

Ce peintre mourut à Harlem en 1681, agé seulement de 46 ans.

NOTICE

OF

JACQUES RUISDAEL.

Jacques Ruisdael was born at Harlem in 1636 ; he at first studied surgery, and it is said, he was taken notice of, when he altered his profession, and gave himself up wholly to painting. As a friend of Berghem he probably received lessons from him, and like him never went to Italy.

His pictures are famous for the delicate stroke of his pencil, a vigorous coloring, and the fine situations of his shading and light. He sometimes had recourse to Vande Velde and Van Ostade for the placing of some figures in his landscapes.

Ruisdael has etched 7 pieces of a large easy point. The first proofs of these prints are sold very dear. This painter died at Harlem in 1681 only forty five years old.

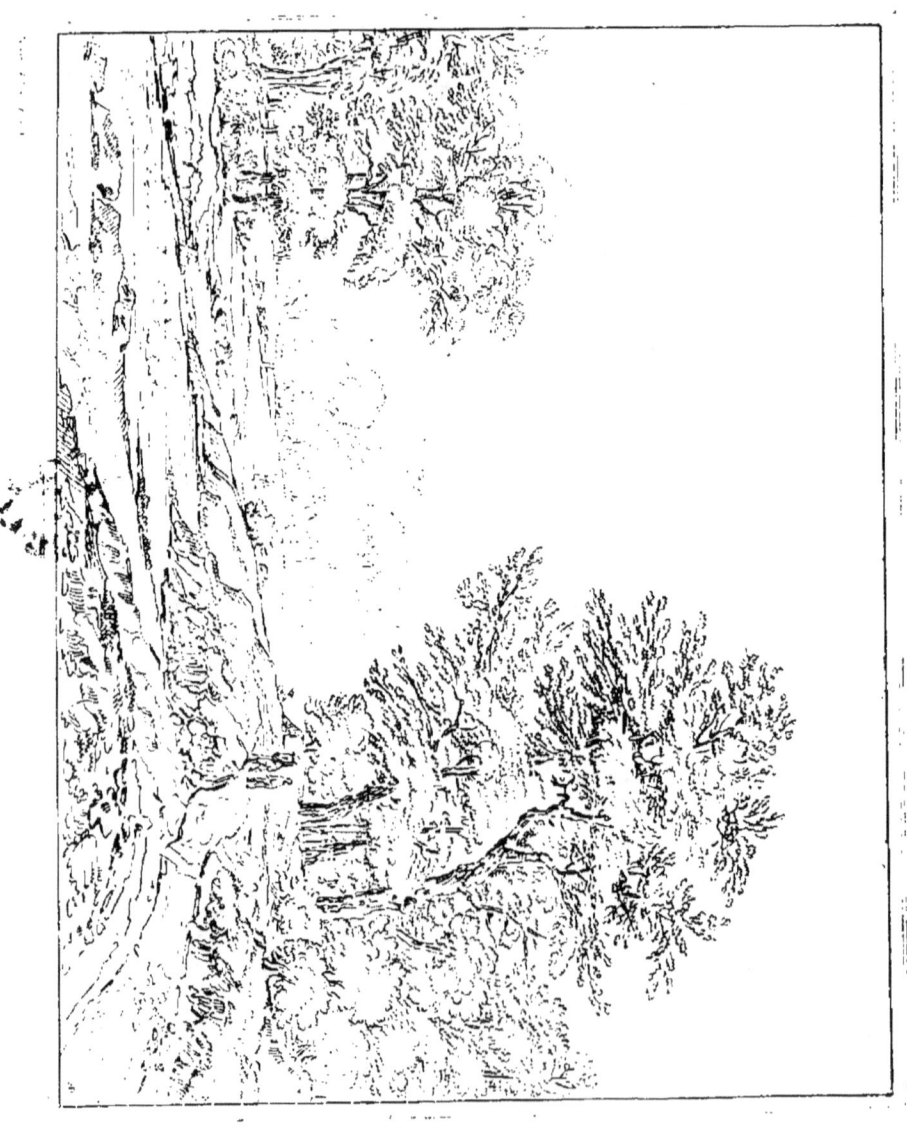

PAYSAGE,

UN BOIS TRAVERSÉ PAR UNE ROUTE.

Ce tableau, l'un des plus remarquables du peintre Ruysdael, est d'une touche admirable, et d'une conservation parfaite. Quelques personnes le placent au même niveau que la célèbre chasse au cerf que l'on voit dans la galerie de Dresde. Cependant sa composition est moins riche et plus monotone.

A droite sur le devant est tracé le nom RUYSDAEL. Le peintre Ender en a fait une copie très-estimée. Ce tableau fait partie de la galerie du Belvédère à Vienne ; il a été gravé par Ferdinand Kettner, et par Kilian Poukeimer.

Larg., 6 pieds, haut., 4 pieds 6 pouces.

LANDSCAPE,

A ROAD THROUGH A WOOD.

This picture, which is one of Ruysdael's capital performances, and which is in a state of perfect preservation, is admirably touched. By some persons it is placed on a level with the celebrated Stag-hunt of the Dresden Gallery : its composition, howerer, is less rich and varied. The painter's name is traced in the foreground on the right.

There is a highly esteemed copy of this work by Ender : the original is in the Belvedere Gallery, at Vienna, and has been engraved by Ferdinand Kettner and Kilian Poukeimer.

Width, 6 feet 4 inches; height, 4 feet 10 inches.

NOTICE

sur

ADRIEN VANDE VELDE.

Adrien Vande Velde naquit à Harlem en 1639. Dès son enfance et sans avoir eu de maître, il prenait du charbon et chargeait de figures d'hommes et d'animaux, toutes les murailles de la maison de son père. Placé dans l'école de Winants, il surpassa bientôt son maître, et devint l'émule de Paul Potter et de Du Jardin. A l'âge de quatorze ans, Vande Velde gravait déjà à l'eau-forte, des études d'animaux, pièces très-remarquables par la finesse et l'esprit de la pointe. Fort jeune encore, Vande Velde jouissait en Hollande d'une grande réputation, comme peintre de paysage et d'animaux. Il se fit aussi connaître comme peintre d'histoire, en exécutant une descente de croix, pour l'église catholique d'Amsterdam.

Les tableaux de Vande Velde sont d'une couleur excellente ; sa touche est franche et pleine de finesse, ses figures sont spirituelles et bien dessinées. Ses chevaux, ses vaches, ses chèvres, ses moutons, sont d'une vérité parfaite ; ses ciels brillans, ses arbres d'un feuillé délicat. Ses tableaux sont nombreux et d'un beau fini, ce qui prouve qu'il avait une grande facilité. Il mourut à 33 ans, dans l'année 1672.

NOTICE

ADRIEN VANDE VELDE.

Adrien Vande Velde was born at Harlem, in 1639. From his childhood, and without any master, with a piece of charcoal he covered all the walls of his father's house with figures of men and animals. Placed in the Academy of Winants, he soon excelled his master, and became the rival of Paul Potter and Du Jardin. At the age of fourteen, Vande Velde already etched some sketches of animals, very remarkable for the delicacy of their ingenious point. Yet very young, he enjoyed a great reputation in Holland, both for landscapes and animals. He also made himself be known as an historical painter, by executing the *Descending of the Cross* for a catholic church at Amsterdam.

The pictures of Vande Velde are of an excellent coloring; his touch free and full of ingenuity, his figures are lively and well drawn. His horses, cows, goats and sheep, are perfectly true, his skies brilliant, the leaves of his trees of an extreme delicacy. His pictures are numerous and of a beautiful finish, which is the surest proof of his great facility. He died in 1672, being only 33 years old.

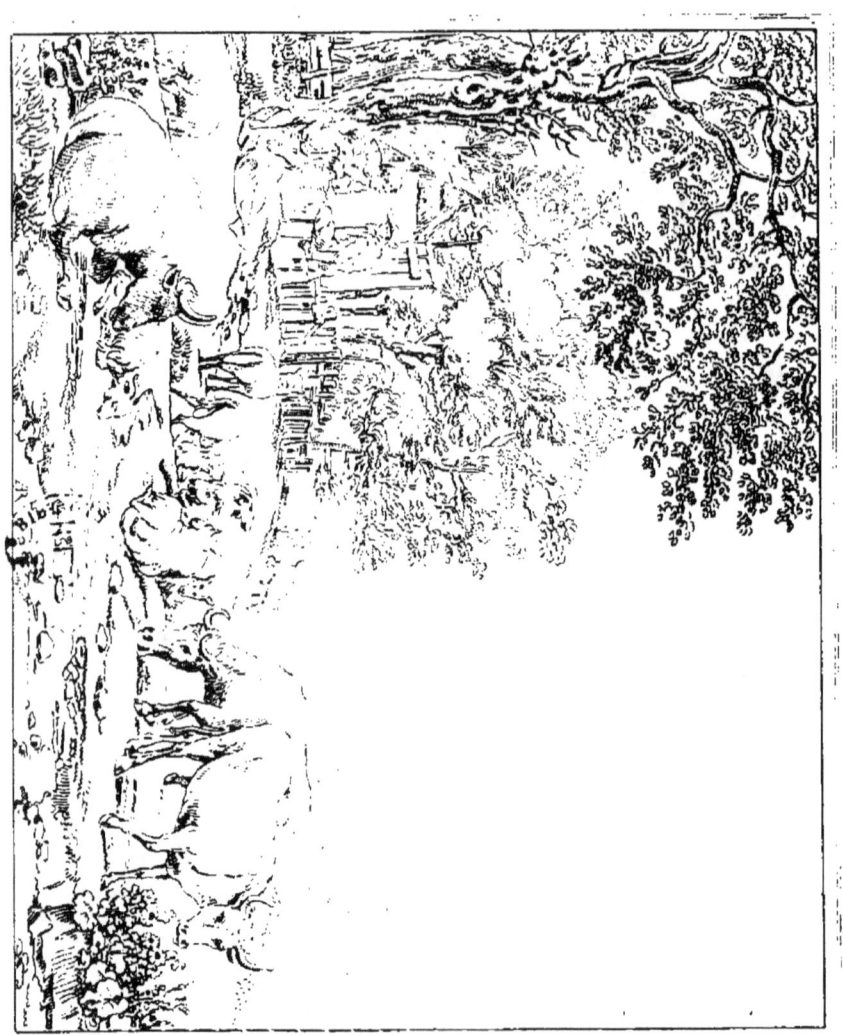

PAYSAGE,

DIVERS BESTIAUX.

Adrien Vande Velde était encore enfant lorsqu'il força, pour ainsi dire, son père à le placer chez Jean Wynants, chez lequel, en effet, il prit l'habitude de la palette, car il était peintre avant d'entrer dans cet atelier. Il dessinait avec un goût étonnant des chèvres, des moutons et des vaches. Le mérite des tableaux d'Adrien Vande Velde consiste en une couleur excellente, une expression des plus vraies dans les personnages et dans les animaux, des effets frappans, ingénieusement saisis dans la nature, une touche franche et des plus fines.

On peut admirer dans ce tableau toute la profondeur du talent de Vande Velde ; le pâturage est des plus frais, les animaux sont d'une beauté et d'une vérité parfaites, les personnages simples et de la plus grande naïveté. Tout ici rappelle les charmantes idylles de Gesner.

Ce tableau, peint sur bois, est maintenant au Musée du Louvre ; il fut acquis vers 1770.

Il a été gravé par Geissler.

Larg., 1 pied 7 pouces ; haut., 1 pied 3 pouces.

A LANDSCAPE WITH CATTLE.

Adrian Vander Velde was yet a child, when, in a manner of speaking, he forced his father to place him with John Wynants, with whom he certainly learnt to handle the palette, but he was a painter, by nature, before he saw an *Atelier*. He drew, with an astonishing taste, goats, sheep, and cows. The merit of Adrian Vander Velde's pictures consists in an extraordinary colouring, a most faithful expression in his personages and animals, striking effects, ingeniously caught from nature, and rendered with a free and most delicate touch.

This pictures presents to the admirer all the depth of Vander Velde's talent; the pasturage is of the freshest, the animals are of perfect beauty and truth, the personages simple and of the utmost ingenuousness. Here every thing brings to mind Gessner's charming Idyls.

Painted on wood, this picture is now in the Museum of the Louvre, having been purchased in 1770.

It has been engraved by Geissler.

Width 20 inches; height, 15 inches.

622.

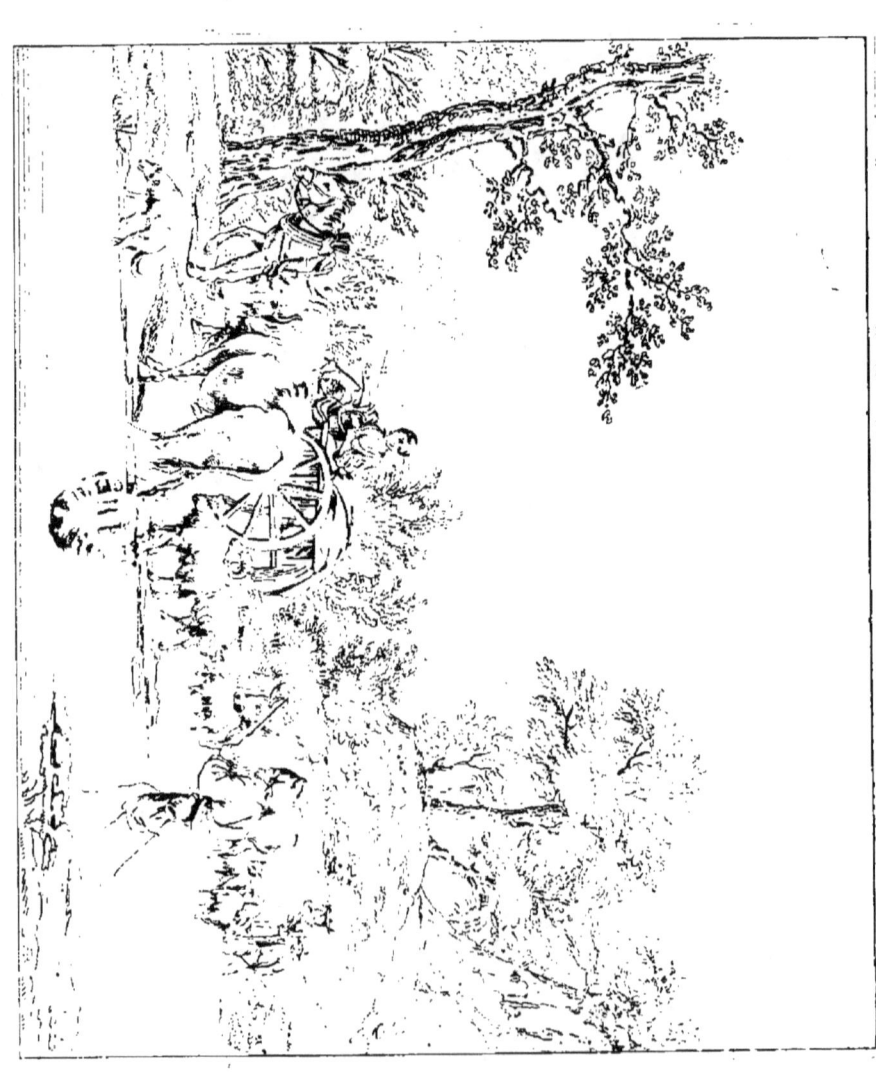

PAYSAGE,

TROUPEAU TRAVERSANT UN RUISSEAU.

Les paysages d'Adrien Vande Velde sont fort recherchés, et se payent très-cher, puisque plusieurs fois dans des ventes ils ont été portés aux prix de 20,000 francs. Il est vrai que peu de peintres ont aussi bien vu la nature et l'ont rendue avec autant de perfection. Sa couleur est excellente, sa touche fraîche; ses ciels pétillans brillent à travers les arbres; son feuillé est bien détaillé. Les figures sont soigneusement dessinées; on ne peut rien désirer pour la correction des chevaux, des chèvres et des moutons; ils sont rendus avec un esprit et une vérité au-dessus de tout éloge.

Le peintre a sans doute réprésenté ici le retour d'un marché; on y voit une paysanne dans une charrette, revenant à son habitation avec la vache et les moutons qu'elle vient d'acheter, et qui par leur produit vont augmenter l'aisance de la famille.

Un pâtre, nu-pieds, est encore dans l'eau, tandis que dans le fond, à droite, un autre troupeau va traverser le même ruisseau, sous la conduite d'un jeune berger avec sa compagne.

Ce précieux tableau, de l'ancienne collection de Munich, est maintenant au palais de Schleissheim. Il a été lithographié en 1820, par C. Aver.

Larg., 1 pied 4 pouces; haut., 1 pied 3 pouces.

891.

LANDSCAPE,

CATTLE CROSSING A BROOK.

Adrian Vande Velde's landscapes are in great request, and command high prices, having repeatedly been sold for 800 pounds (20,000 francs). Few artists have examined nature with so discriminating an eye, or painted it with equal perfection. His colouring is excellent, his touch fresh, and his skies are brilliant, and shine through the foliage of his trees, of which the leafing is well defined. His figures are carefully drawn, and the correctness, truth and spirit of his horses, goats and sheep is above all praise.

The subject of this picture appears to be country-people returning from a market. A female peasant is seen in a cart, driving home a cow and several sheep, which she has just purchased, and whose produce is to add to the little fortune of her family.

A barefooted herdsman is still in the water; and in the back-ground, on the right, another flock is about crossing the same brook, under the guidance of a shepherd and his female companion.

This picture belonged to the ancient Munich Gallery, and is now in the Palace of Schlesisheim : it was lithographied, in 1820, by C. Aver.

Width, 1 foot 5 inches ; height, 1 foot 4 inches.

NOTICE

SUR

GASPARD NETSCHER.

Gaspard Netscher naquit à Heidelberg, en 1630. Fils d'un sculpteur que les malheurs de la guerre mirent dans la nécessité d'errer de ville en ville; il perdit son père de bonne heure. Sa mère, devenue veuve, fut obligé de quitter Heidelberg pour se retirer dans un château fortifié, bientôt assiégé, et dans lequel elle eut la douleur de voir mourir de faim deux de ses fils. Elle parvint à se sauver avec le jeune Gaspard et sa petite fille. Après bien des fatigues et de vives inquiétudes, elle arriva à Arnheim, où elle implora la charité de quelques personnes.

Le médecin Tullekens, homme fort riche, prit en affection Gaspard Netscher. L'esprit dont il donnait des preuves engagea son protecteur à lui donner des maîtres, avec lesquels il fit de rapides progrès. Mais l'étude de la médecine ne put lui convenir, et il obtint de son protecteur la facilité de suivre son goût pour les arts. Son maître fut Koster, peintre de gibier et de fleurs; mais la nature l'instruisit encore mieux, et bientôt il surpassa ses compagnons et son maître.

Netscher voulant aller en Italie, s'embarqua pour Bordeaux, où il épousa, en 1659, la fille d'un Liégeois nommé Godyn. Forcé de quitter cette ville à cause de la religion protestante qu'il professait, il s'établit à La Haye, où il fit d'abord des petits tableaux de genre, puis ensuite des portraits qui lui étaient fort bien payés.

Dès sa jeunesse il avait eu la gravelle; la goutte vint augmenter ses douleurs, et il mourut en 1684, âgé de 45 ans, laissant sa veuve avec neuf enfans, dont Théodore et Constantin furent aussi peintres de portraits.

NOTICE

OF

GASPARD NETSCHER.

Gaspard Netscher was born at Heidelberg in 1630 and was the son of a sculptor whom the misfortunes of war reduced to the situation of wandering from town to town, and who died early in the lifetime of his son. His mother become a widow, was obliged to quit Heidelberg to retire into a fortified castle, which was quickly besieged, and in which she had the misery to witness the death of two of her sons by famine. She succeeded in escaping with the young Gaspard, and her little daughter, after great dangers and fatigues arriving at Arnheim, where she implored charity.

The physician Tullekens, a very rich man, conceived an affection for Gaspard Netscher, and the talent of which he gave proof, induced his protector to give him masters, with whom he made rapid progress. But the study of medecine did not suit him, and he obtained of his protector the means of following his taste for the fine arts. His master was named Koster, a painter of game and flowers, nature however instructed him still better, and he soon surpassed his master, and also his companions.

Netscher wishing to go to Italy, embarked for Bordeaux, where he married in 1659 the daughter of a Liegois named Godyn. Being obliged to quit this city on account of the protestant religion he professed, he established himself at the Hague where he first painted small pictures, then afterwards portraits for which he was very well paid.

He was subject to the gravel from his youth, the gout also increased his sufferings, and he died in 1684 at the age of 45 leaving a widow and 9 children, of whom Theodore and Constantine were also portrait painters.

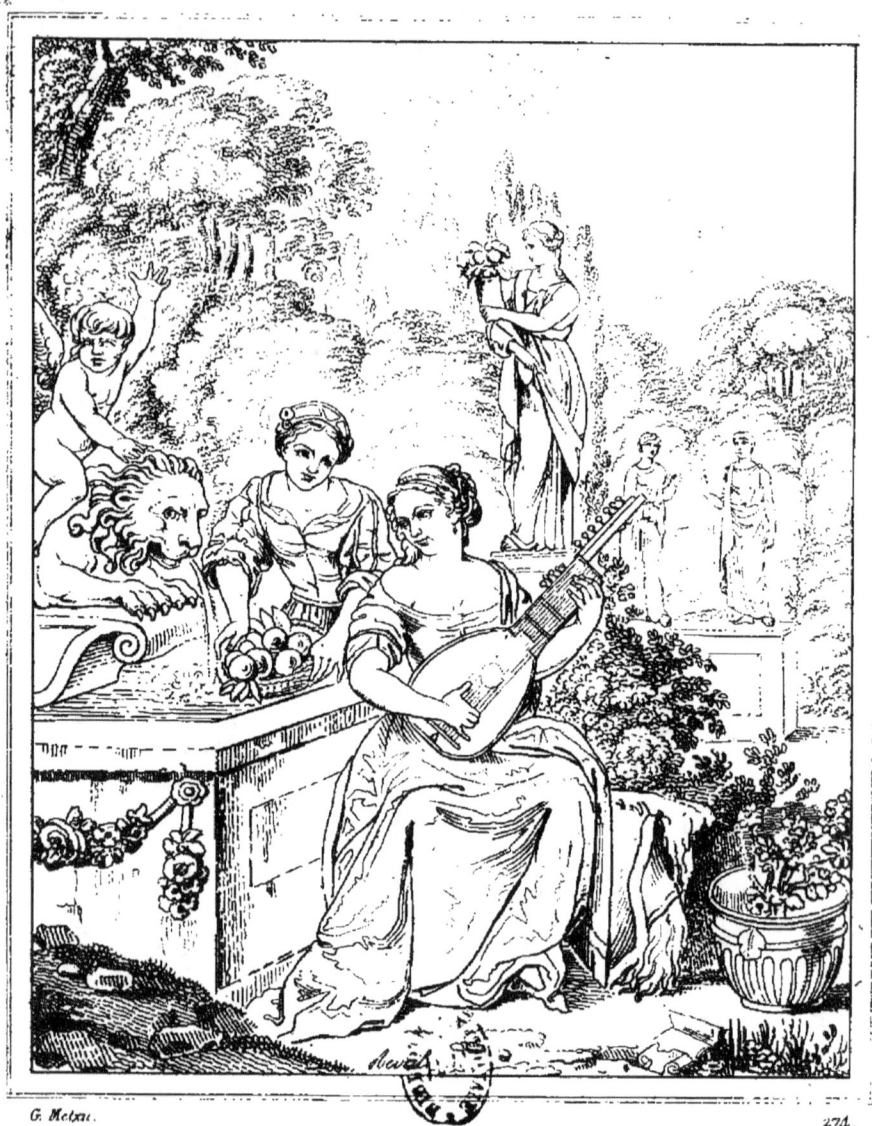

G. Metzu.

274.

FEMME JOUANT DU LUTH.

FEMME JOUANT DU LUTH.

Gaspard Netscher est un des plus habiles peintres de l'école hollandaise. Sans négliger le fini si remarquable dans les ouvrages des artistes de cette école, il a su traiter ses portraits en peintre d'histoire ; il les a souvent ornés de scènes épisodiques ; ses figures ont de la simplicité et même de la grace. C'est ce qu'on remarque dans ce tableau, où une femme est assise dans un jardin, près d'une fontaine sur laquelle est une statue de l'Amour à cheval sur un lion.

L'expression mélancolique de cette femme doit faire croire que son luth lui rappelle quelque scène attendrissante ; aussi parait-elle faire peu d'attention à l'offre de sa servante, qui lui apporte quelques fruits. Dans le bas à gauche, sur la fontaine, on lit : *G. Netscher*, 1668.

Ce petit tableau est d'un très bel effet de clair-obscur ; la figure principale est très gracieuse ; la robe de satin est rendue avec une perfection étonnante ; les arbres sont peints avec une grande vérité, ainsi que les statues qui décorent le bosquet ; la couleur en général est suave, et la touche très légère.

Haut., 1 pied 8 pouces ; larg., 1 pied 5 pouces.

NOTA. C'est par erreur que dans quelques épreuves de la gravure on lit *Metsu*.

⊱⊰

A FEMALE PLAYING THE LUTE.

Gaspard Netscher was one of the most celebrated painters of the dutch school. His portraits which exhibit the remarkable finish of the dutch masters, are adorned with episodic scenes, and approach in some degree the style of historic painting. His figures unite simplicity with gracefulness, of which this picture is a proof. The subject presents a female sitting at a fountain in a garden; the fountain is surmounted by a statue representing Love riding on a lion.

The melancholy expression of her countenance denotes that her lute recalls to her mind some affecting scene. In her revery, she pays little attention to her servant, who presents her with fruit. At the bottom on the left, the words *G. Netscher*, 1668, are inscribed.

The chiara-oscura effect of this picture is very beautiful; the principal figure is very graceful. The satin robe is rendered with astonishing perfection; the trees as well as the statues that adorn the bower, are painted with great truth. The colouring in general is thin, and the touch light.

Height, 1 foot 11 inches; breadth, 1 foot 7 inches.

N. B. On some of the proofs of the engraving we read the name *Metzu*. This is an error.

274.

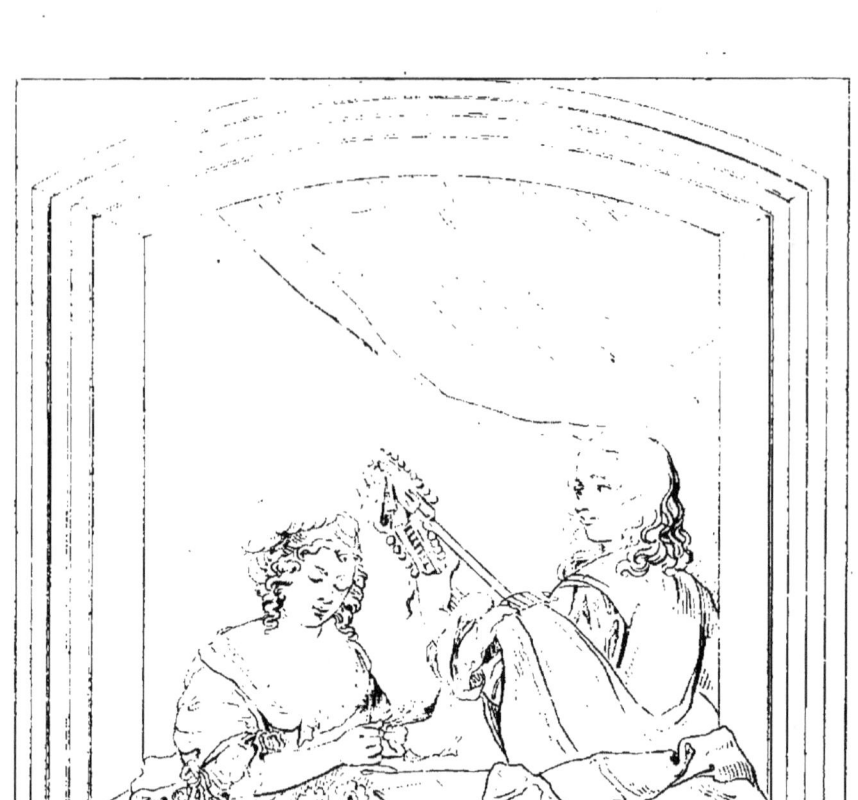

GASPARD NETSCHER
ET SA FEMME.

Il est à croire que ce tableau représente un mari et sa femme faisant de la musique; mais si l'homme a quelque ressemblance avec le peintre Gaspard Netscher, il est facile de démontrer que c'est une erreur qui a fait regarder ce tableau comme offrant l'image de Netscher et de sa femme.

Le tapis qui recouvre l'appui de la fenêtre laisse apercevoir le commencement du mot ANNO et la fin du millésime M DCLV. Netscher n'était alors âgé que de 16 ans, et ce n'est qu'en 1659 qu'il épousa la fille d'un Liégeois nommé Godyn.

Ces portraits ont sans doute été fort ressemblans, mais ce mérite est maintenant perdu pour nous; cependant le tableau n'en est pas moins précieux, tant à cause de son effet brillant qu'à cause du soin avec lequel il est fini. Les deux personnages sont ajustés d'une manière agréable, et le tapis dont la fenêtre est ornée présente une diversité de couleur qui ne nuit en rien à l'effet général.

Ce petit tableau, peint sur bois, est dans la galerie de Dresde; il a été gravé par E. Kruger.

Haut., 1 pied 6 pouces; larg., 1 pied 2 pouces.

GASPARD NETSCHER
AND HIS WIFE.

It is presumable that this picture represents a married couple playing music; but, though the man may resemble the artist, Gaspard Netscher, it is easy to show that this picture is erroneously considered as being the portraits of Netscher and his wife.

The carpet that covers the window-sill, displays the beginning of the word, ANNO, and the termination of the date MDCLV; now Netscher, at that time, was only sixteen years old, and it was but in 1659 that he married the daughter of an inhabitant of Liege, named Godyn.

No doubt these portraits were strong likenesses, and though this merit is now lost, for us, the picture is not the less precious, both for its brilliant effect, and the care with which it is finished. The two personages are placed in a pleasing manner, and the carpet, ornamenting the window, presents a diversity of colour, that in no manner injures the general effect.

This small picture, painted on wood, is in the Dresden Gallery: it has been engraved by E. Kruger.

Height, 19 inches; width, 15 inches.

472.

NOTICE

SUR

GÉRARD DE LAIRESSE.

Gérard de Lairesse naquit à Liège en 1640. Élève de son père, il acquit une telle réputation qu'il fut regardé comme le Poussin de sa patrie. Cet éloge est bien grand sans doute, mais on peut dire qu'il fut souvent mérité, par la sagesse de ses compositions et la profondeur de ses pensées ; son dessin sans doute est moins pur que celui de l'artiste français, mais sa couleur est plus vraie et plus brillante.

Lairesse vint de bonne heure à Amsterdam, où son talent fut bien apprécié ; et il aurait été dans l'aisance si la vie crapuleuse qu'il menait lui eût permis d'avoir un peu d'ordre ; mais la seule régularité qu'il eût était de dépenser chaque jour ce qu'il avait gagné sans jamais rien réserver. Bientôt il fut grandement puni de son imprévoyance, puisqu'il perdit la vue, ayant à peine atteint sa cinquantième année.

Privé de la faculté d'exercer la peinture, il n'en perdit ni le goût, ni le génie ; toute sa consolation fut d'en parler et de dogmatiser sur les principes d'un art, dans lequel il avait excellé. Il se créa une tachigraphie, qu'il traçait sur une grande toile ; son fils, en connoissant la signification, mettait ses principes par écrit. Ce n'est qu'après sa mort que fut publié son ouvrage intitulé : *le Grand livre des peintres*, 2 vol. in 4°.

Gérard de Lairesse mourut en 1711 âgé de 71 ans.

NOTICE

OF

GÉRARD DE LAIRESSE.

Gérard de Lairesse born at Liége in 1640, was a pupil to his father, he acquired such a high reputation that he was looked upon as the Poussin of his country. This is doubtless a very flattering praise, but may be said, it was very often deserved for the accuracy of his compositions and his deep thoughts; his design is certainly less pure than that of the french artist, but his colour is truer and more brilliant.

Lairesse came at an early time to Amsterdam, where his talent was greatly valued; he might have lived in easy circumstances had he not given himself up to such a low, mean way of living, but not the least order in his affairs, his only regularity was spending every day what he had gained without saving any thing at all. He was very soon severely punished for his want of foresight, for he was blind hardly turned of fifty.

Although he was deprived of the faculty of exercising painting, he neither lost the taste, nor the genius; his only comfort was speaking and dogmatizing about the rules of an art which he had excelled in. He created a tachygraphy to himself which he traced on a large canvass; his son who knew the meaning of it, penned down the rules. It was only after his death that his work entitled the *painters' Great book*, 2 vol. 4°. was published.

Gérard de Lairesse died in 1711 aged 71.

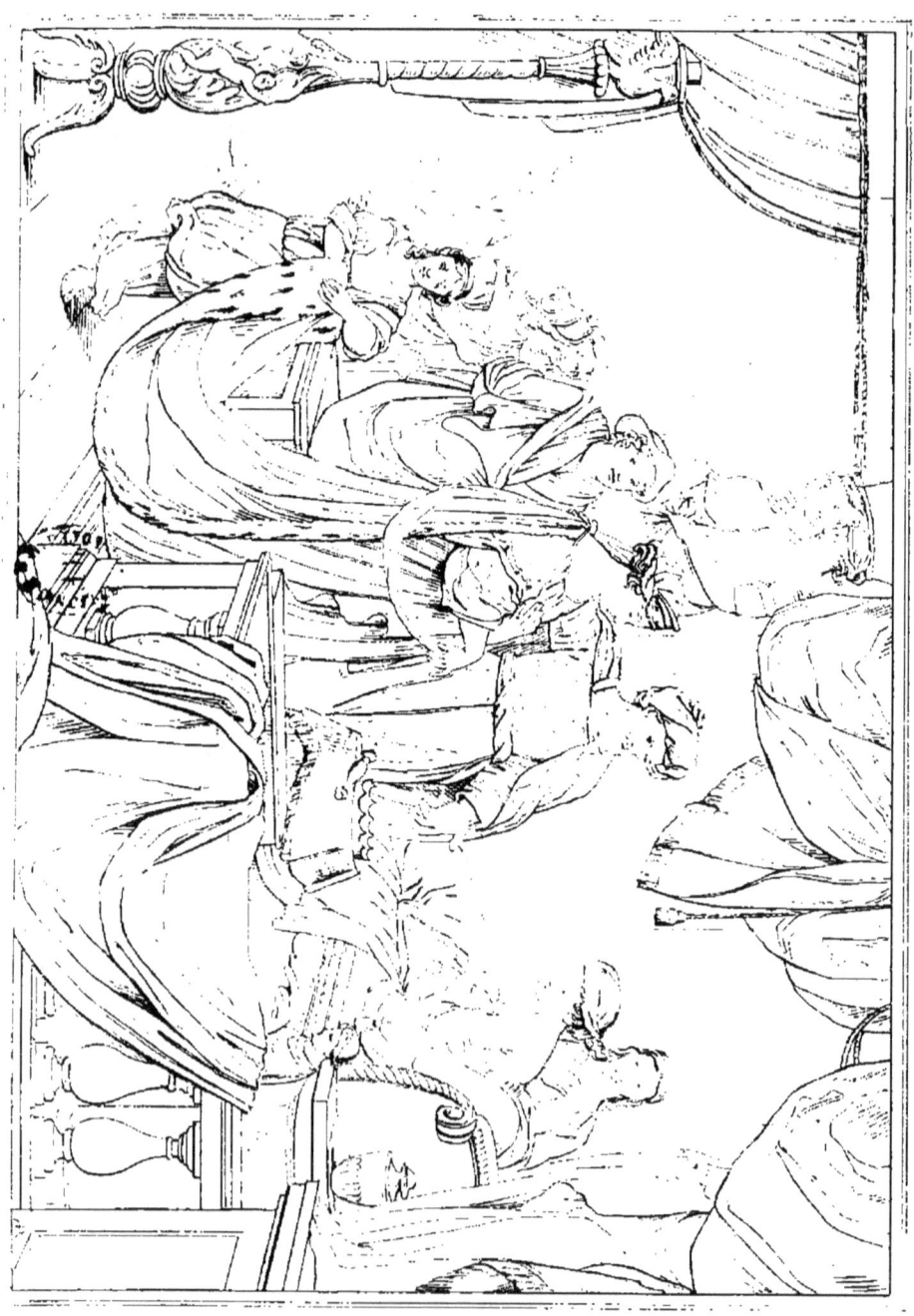

MALADIE D'ANTIOCHUS.

Séleucus, l'un des généraux d'Alexandre, fonda le royaume de Syrie environ trois cents ans avant J.-C., et reçut le nom de Nicanor (le Victorieux). Il avait épousé Stratonice, dont la beauté était remarquable, et qui fit une vive impression sur le cœur d'Antiochus Soter, fils du roi. Ce jeune prince voulut réprimer son amour ; mais, loin d'y parvenir, il tomba dans un état de langueur qui mit sa vie en danger. Le médecin Érasistrate, ayant deviné la cause du mal, en informa le roi : le monarque consentit à céder son épouse à son fils.

Le peintre Gérard Lairesse a représenté le moment où le vieux monarque, accompagné de la jeune reine, annonce à son fils que, voulant qu'il lui doive une seconde fois la vie, il lui abandonne ses droits, et lui donne pour épouse celle qu'il aime si passionnément.

On peut considérer ce tableau comme un des plus beaux de Lairesse. La composition est bien disposée et l'exécution précieuse ; les expressions sont bien senties. La figure de Séleucus est pleine de bonté, celle de Stratonice est remplie de modestie, et celle d'Antiochus exprime parfaitement la reconnaissance. Le médecin Érasistrate montre la réflexion d'un philosophe.

Ce tableau, peint sur bois appartient au prince de Schwerin, il a été gravé par Niquet.

Larg., 2 pieds 4 pouces ; haut., 1 pied 11 pouces.

THE ILLNESS OF ANTIOCHUS.

Seleucus, one of Alexander's generals, founded the kingdom of Syria, about 3oo years B. C. and was called Nicanor (Victorious). He had married Stratonice, who was remarkably beautiful, and who made a deep impression on the heart of Antiochus Soter, son to the King. The young prince wished to repress his love ; but, so far from succeeding, he fell into a state of languor which endangered his life. The physician Erasistrates, guessing the cause of the disorder, informed the King of it, and the Monarch consented to give up his wife to his son.

The painter Gerard Lairesse has represented the moment when the old King, accompanied by his youthful bride, announces to his son that, wishing to give him life a second time, he gave up his rights, and granted him as a wife her whom he loved so passionately.

This picture may be considered as one of Lairesse's finest. The composition is well disposed and the handling finished, the expressions are nicely given. The countenance of Seleucus is full of kindness, that of Stratonice is full of modesty, and that of Antiochus perfectly expresses gratitude. The physician Erasistrates displays the thoughtfulness of a philosopher.

This picture which is painted on wood has been engraved by Niquet.

Width , 2 feet 6 inches; height, 2 feet.

754.

NOTICE

SUR

PIERRE DE HOOGUE.

On ne connaît aucune des particularités de la vie de Pierre de Hoogue. On le croit cependant né en Hollande, vers 1640, et sa manière de peindre fait présumer qu'il a été élève de Berghem.

Les succès qu'obtinrent dès lors les ouvrages de Metzu et de Miéris, aura sans doute déterminé Pierre de Hoogue à traiter des scènes familières dans leur manière ; mais, en cherchant à les imiter, il ne put parvenir à les atteindre. Sa touche est plus large, son coloris est vrai ; mais son pinceau n'a pas la douceur et le fini de celui de ces maîtres.

Les tableaux de Pierre de Hoogue sont assez rares en France.

NOTICE

PIERRE DE HOOGUE.

The particularities of the life of Pierre de Hoogue are unknown. He is however thought to be born in Holland about the year 1640, and it is to be presumed after his manner of painting, that he was a pupil of Berghem.

The success which the works of Metzu and Miéris met with at that time doubtless had determined Pierre Hoogue to describe familiar scenes in their way, but in attempting to imitate them, he could never come up to them. His touch is larger, his coloring true, but his pencil has not that sweetness and delicate finishing of those masters.

The pictures of Pierre Hoogue are very scarce in France.

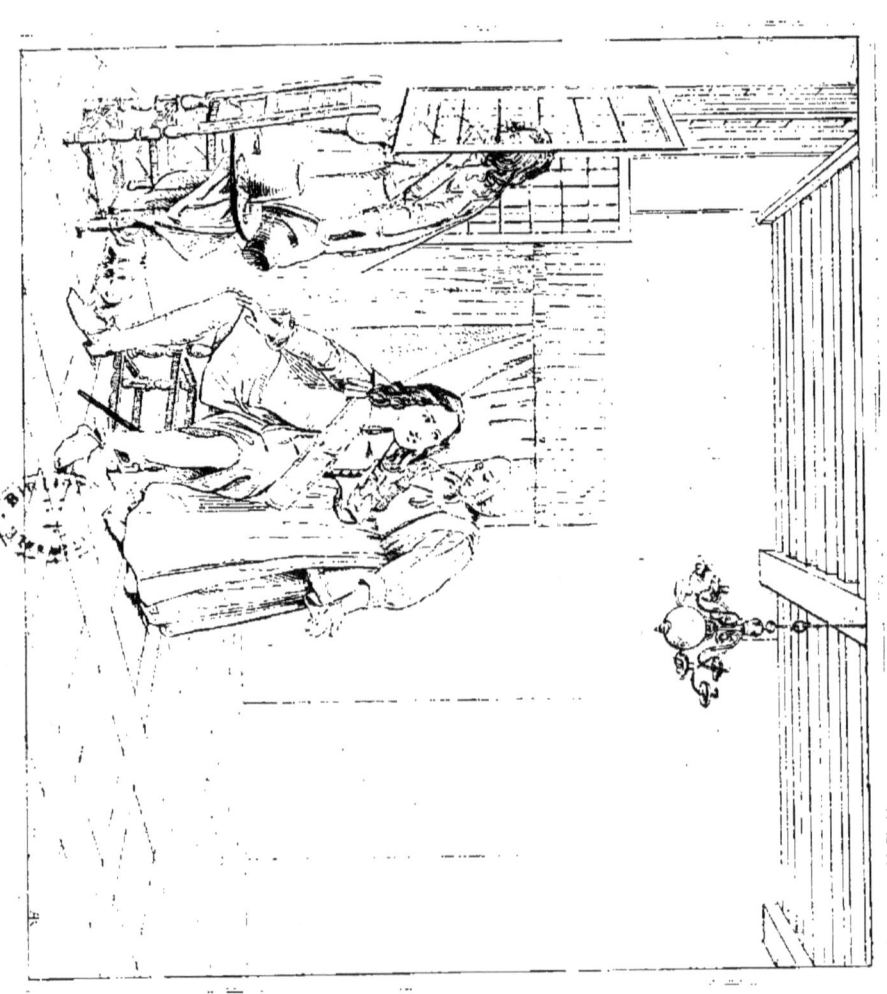

JEUNE FEMME DEBOUT,

PRÈS D'UN HOMME ASSIS.

Les tableaux de Pierre de Hooghe sont fort rares; il ne s'en trouve pas dans la galerie du Louvre à Paris, ni dans celle du Belvédère à Vienne, on n'en voit pas non plus dans les musées d'Amsterdam et de la Haye, et il n'y en a qu'un seul dans la galerie de Dresde et un dans celle de Munich.

Les premiers tableaux que fit ce peintre représentent des paysages dans la manière de Berghem, mais ensuite il se mit à peindre des scènes famillières dans le goût de Metzu et de Mieris. Celle que nous donnons ici fait voir un officier rentrant chez lui, et se reposant des fatigues du service; sa femme, tout en lui offrant un verre de vin, semble lui parler avec intérêt de choses plus importantes. Un autre militaire craignant d'être indiscret, regarde négligemment par la fenêtre, afin de ne point entendre la conversation. Dans le fond de la chambre on voit une porte ouverte, et une femme est assise près d'une cheminée.

Les figures de ce tableau sont pleines d'expression, et tous les détails peints avec soin. Il fait partie de la galerie de Munich et a été lithographié par Wolfgand Flachenecker.

Larg., 2 pieds 3 pouces; haut., 1 pied 11 pouces.

911.

A DOMESTIC SCENE.

Peter de Hooghe's pictures are extremely rare : no production of his is found in the Galleries of the Louvre and of
Vienna; or in the Museums of Amsterdam and the Hague;
and only one, in the Galleries of Dresden and Munich.

This artist's first works were landscapes, in Berghem's manner; but he afterwards painted familiar scenes, in the taste
of Metzu and Mieris. The one here sketched represents an
officer returned home, and reposing from the fatigues of war.
His wife is offering him a glass of wine; but appears to be
speaking, at the same time, of some thing more important,
Another officer is carelessly looking out of the window, as if
to avoid hearing the conversation. In the back part of the
room, is an open door, through which is seen a woman,
seated near a chimney.

The figures in this piece are expressive, and the details are
carefully finished: it belongs to the Munich Gallery, and has
been lithographied by Wolfgang Flachnecker:

Width, 2 feet 4 inches; height, 2 feet.

NOTICE

SUR

GODEFROY SCHALKEN.

Godefroy Schalken naquit à Dort en 1643. Il fit de bonnes études au collége dont son père était le recteur, et il n'était déjà plus jeune lorsqu'il se mit à étudier la peinture, d'abord sous Samuel Van Hoogstraten et ensuite sous Gérard Dow.

Schalken étudia ensuite les ouvrages de Rembrandt et chercha à les imiter; mais bientôt il se forma une manière à lui, et il aima surtout à rendre de brillans effets de lumière.

Les portraits de Schalken furent si recherchés que bientôt il se trouva obligé d'abandonner tous ses autres travaux pour se livrer à cette seule occupation. Il fut appelé en Angleterre, et, malgré le prix que l'on mettait à ses portraits de petites dimensions, il crut son amour-propre intéressé à faire voir que, aussi bien que Kneller et d'autres, il pourait faire des portraits de grandeur naturelle; mais ses prétentions n'eurent pas un heureux succès. Ce désappointement ne servit qu'à lui ouvrir les yeux, il reprit courage, fit des portraits en petit, et acquit ainsi une fortune considérable.

Schalken revint à La Haye, où son talent fut apprécié aussi bien qu'il l'avait été en Angleterre; aussi vécut-il dans une grande aisance, et mourut en 1706, âgé de 63 ans.

NOTICE

OF

GODEFROY SCHALKEN.

Godefroy Schalken was born at Dort in 1643. He applied
closely to his studies in the college wherein his father was a
rector, he was in a ripe age before he began practising painting, he studied at first under Samuel Van Hoogstraten, and
then under Gérard Dow.

Schalken studied afterwards the works of Rembrandt and
tried to imitate them; but he soon formed to himself his own
manner of practising, and was above all fond of rendering
the brilliant effect of light.

The pictures of Schalken became so rare that he was compelled to leave all his other works to give himself up wholly
to that business. He was called over to England, and notwithstanding the high price set on his small pictures, he
thought his self-love interested to show that he could as well
as Kneller and others, perform pictures as great as life; but
his pretentions did not prove successful. This disappoint-
ment served to open his eyes, he resumed courage, made
small pictures, and thus acquired a great fortune.

Schalken returned to The Hague, where his talent was as
fully esteemed as in England; so that he lived in very easy
circumstances. He died in 1706, aged 63.

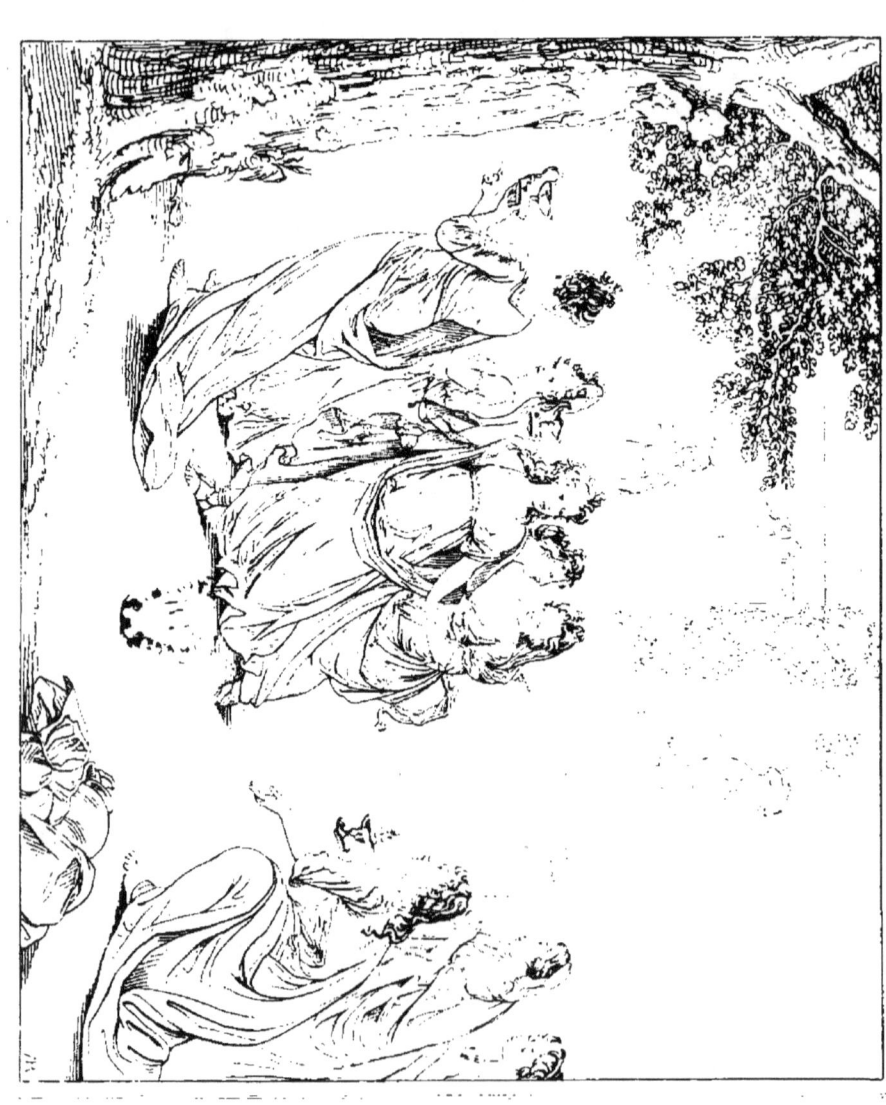

LES VIERGES SAGES

ET LES VIERGES FOLLES.

L'Évangile rapporte que le royaume du ciel sera semblable à dix vierges, dont cinq sages et prudentes et cinq folles ou inattentives; les unes ayant fait provision d'huile pour entretenir leurs lampes allumées, les autres ayant négligé de prendre cette précaution. « Toutes s'endormirent, et sur le minuit on entendit crier : Voici l'époux qui arrive, allez au-devant de lui. Alors, toutes ces vierges se levèrent et voulurent aviver leurs lampes, mais les folles dirent aux sages : donnez-nous de votre huile parce que nos lampes vont s'éteindre; les sages répondirent : De peur que nous n'en ayons pas assez pour nous et vous, allez plutôt chez ceux qui en vendent et achetez-en ce qui vous est nécessaire. L'époux étant arrivé tandis qu'elles étaient allées chercher de l'huile, il ne voulut pas les recevoir à leur retour. »

Cette scène de nuit est peinte par Godefroy Schalcken avec une perfection extraordinaire. L'effet de la lumière, ceux des reflets qu'elle occasione, ainsi que l'entente du clair-obscur, sont employés avec un art qui fait illusion et qui font regarder ce tableau comme le chef-d'œuvre du peintre. Peint en 1700, le nom de l'auteur et l'année se trouvent tracés sur le tableau. Il fit autrefois partie de la galerie de l'électeur palatin à Dusseldorff, il est maintenant dans celle de Munich.

Larg. 3 pieds 6 pouces; haut., 2 pieds 11 pouces.

O. 4.   778.

THE WISE AND THE FOOLISH VIRGINS.

The Gospel says that the kingdom of heaven shall be liken-
ed unto ten virgins, five of whom were wise and provid-
ent, and five were foolish and thoughtless : the former
having taken oil to keep their lamps alight; the latter neg-
lecting this precaution. « They all slumbered and slept.
And at midnight there was a cry made, Behold, the bridegroom cometh; go ye out to meet him. Then all those virgins arose, and trimmed their lamps. And the foolish said
unto the wise, Give us of your oil; for our lamps are gone
out. But the wise answered, saying, Not so; lest there be
not enough for us and you : but go ye rather to them that
sell, and buy for yourselves. » The bridegroom came whilst
they were gone to purchase some oil, and, on their return,
would not open the door to them.

This night scene has been painted in the highest perfection
by Jeffrey Schalken. The effect of the light, and the reflections
occasioned by it, also the menagement of the light and shade,
are conducted with a skill creating an illusion and cause this
picture to be considered as the painter's masterpiece. It was
painted in 1700 : the author's name and the year are written
on the picture. It formerly formed part of the Gallery of the
Elector-Palatine at Dusseldorff: it now is at Munich.

Width, 3 feet 8 inches; height 2 feet 1 inches.

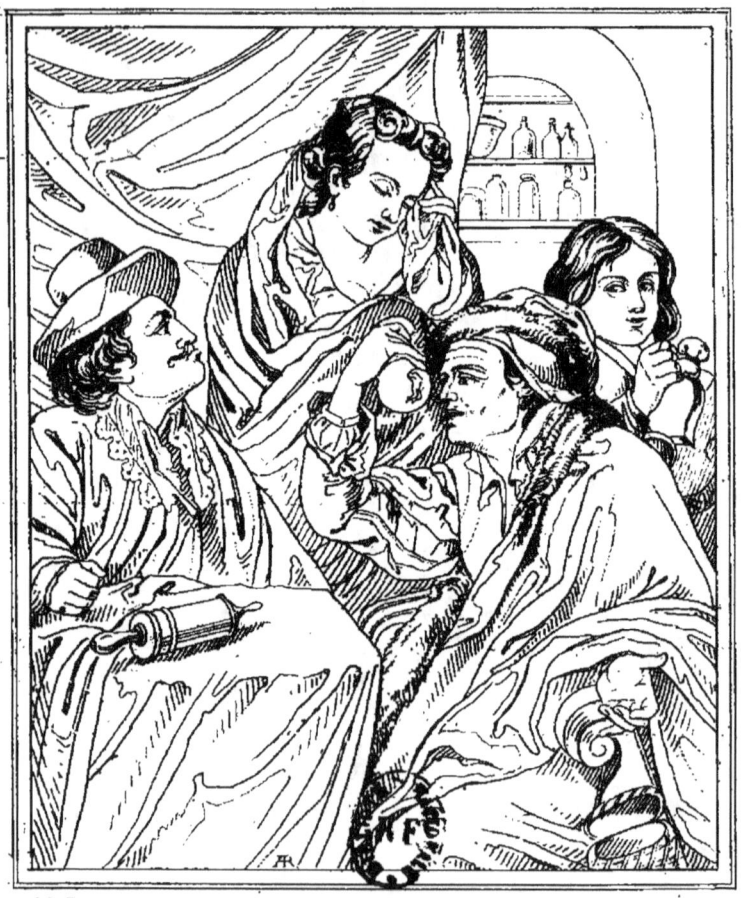

Schalken pinx.   947.

MÉDECIN AUX URINES.

LE MÉDECIN AUX URINES.

On a cru pendant long-temps que par l'inspection des urines on pouvait connaître les maladies, et arriver plus facilement au moyen de les guérir. Des charlatans sont parvenus souvent à accréditer cette opinion, par l'adresse qu'ils avaient de deviner la cause véritable d'une maladie feinte.

Telle est la scène représentée ici par Godefroy Schalken : une jeune personne, en puissance de tuteur, est amenée par lui chez un empirique à qui on a remis une fiole. Le liquide qu'elle contient et qu'il examine lui donne l'idée de dire que le dérangement de santé de la malade doit être la suite d'une liaison intime avec un jeune homme. Cette brusque déclaration cause au tuteur un accès de jalousie, et à la pupille un grand embarras.

Une scène aussi burlesque devient plus inconvenante encore par l'expression malicieuse du jeune garçon, que l'on voit derrière le charlatan.

Ce petit tableau peint sur bois est d'un fini précieux, mais la couleur est trop uniforme et trop diaphane. Il a été gravé par le Rouge et Massard dans la collection publiée par Filhol, et se voit maintenant au musée de La Haye.

Haut., 1 pied 2 pouces ; larg., 1 pied.

THE URINE DOCTOR.

It has long been supposed, that by inspecting urine it is possible to arrive at a knowledge of diseases, and thereby more easily cure them, Quack Doctors have often succeeded in establishing this opinion, by the address with which they have guessed at the true cause of a feigned disease. Such is the scene here represented by Godefroy Schalken : A young woman under the care of a guardian, is brought by him to an Empiric, to whom he gives a vial. The liquid which it contains, and which he examines occasions him to say, that the ill health of the sick person, is a consequence of an intimacy with a young man. This blunt declaration, gives great embarrassment to the ward, and renders the guardian terribly furious.

The scene sufficiently comic, is still heightened by the malicious expression of a young boy's countenance, who is seen behind the quack.

This little picture painted on wood, is of a very high finish but the colour is too uniform and transparent.

It has been engraved by Le Drouge an Marrard in the collection published by Pilbot; and his now in the museum at the Hague.

Heigth 1 foot 2 inches $\frac{1}{2}$; breadth 1 foot 9 lines.

NOTICE

SUR

PHILIPPE ROOS, DIT ROSA DE TIVOLI.

Philippe Roos, naquit à Francfort en 1655. Son père, Jean-Henri Roos, célèbre peintre d'animaux fut son maître, et le jeune Philippe montra de bonne heure de si heureuses dispositions, que le landgrave de Hesse-Cassel fit les frais de son voyage en Italie, à la seule condition que le jeune peintre reviendrait ensuite se fixer près de lui. Mais Philippe Roos manqua de reconnaissance pour son protecteur. Il agit même grossièrement avec lui, pendant le séjour que ce prince fit à Rome.

Philippe Roos, oubliant toutes les convenances, se maria à Rome contre le gré de son père. Il épousa la fille du peintre Hyacinthe Brandi, s'établit à Tivoli et peignit un grand nombre de paysages ornés de divers animaux.

Ses grands talens ne l'empêchèrent pas de se livrer à la débauche. Il a été regardé comme l'un des plus libertins de la bande si décriée des peintres flamands, connue sous le titre de *Schilder-Bent*, et dans laquelle il portait le nom de *Mercure*.

Travaillant avec une vitesse incroyable, Philippe Roos a laissé de nombreux ouvrages, qui pourtant n'ont rien de négligé et sont fort estimés des amateurs. On croit qu'il a gravé à l'eau-forte quelques estampes, mais elles sont si rares que l'on peut en douter.

Il mourut à Rome en 1705, âgé de 50 ans seulement.

NOTICE

PHILIPPE ROOS, ALIAS ROSA DE TIVOLI.

Philippe Roos was born at Francfort in 1655. His father, Jean-Henri Roos, a celebrated painter of animals was his master; young Philippe in an early age, showed such a happy disposition, that the landgrave of Hesse-Cassel defrayed the expenses of his travelling into Italy upon the single condition that the young painter should afterwards settle with him at Milan; but Philippe Roos was ungrateful to his protector, nay, he behaved to that prince in a very rude manner during his stay at Rome.

Philippe Roos setting aside all suitable decency, married at Rome against his father's will the daughter of the painter Hyacinthe Brandi, settled at Tivoli and painted a great number of landscapes decorated with several animals.

His great talents were no hindrance to his giving himself up to debauchery. He was looked upon as the most dissolute man in the band of the flemish painters, known under the name of Schilder-bent, and in which he bore the name of Mercury.

Working with the greatest readiness, Philippe Roos has left a great number of his pictures which however are not neglected but greatly sought after. It is thought he has etched a few prints, but they are so rare, that it is much to be doubted.

He died at Rome in 1705, only aged 50.

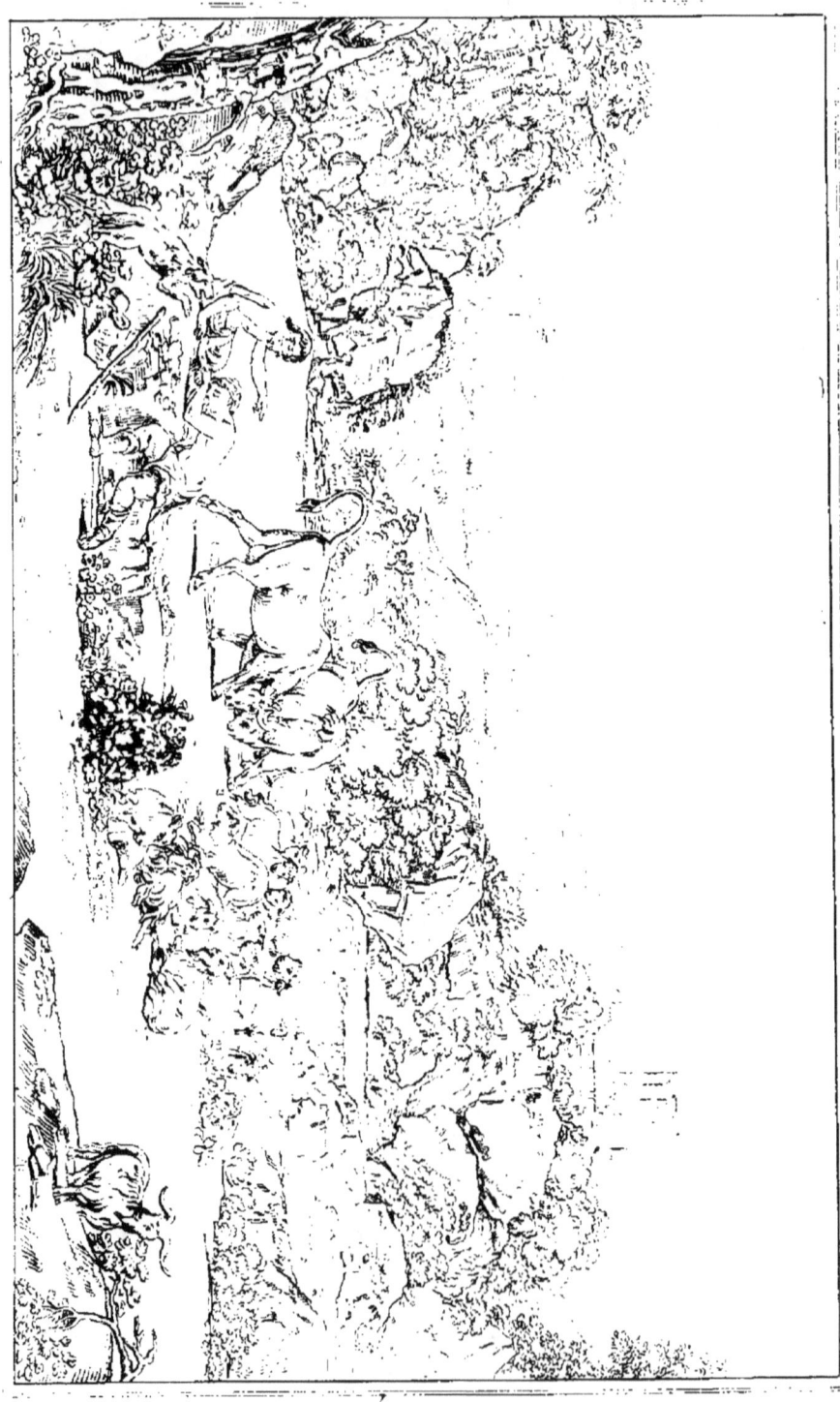

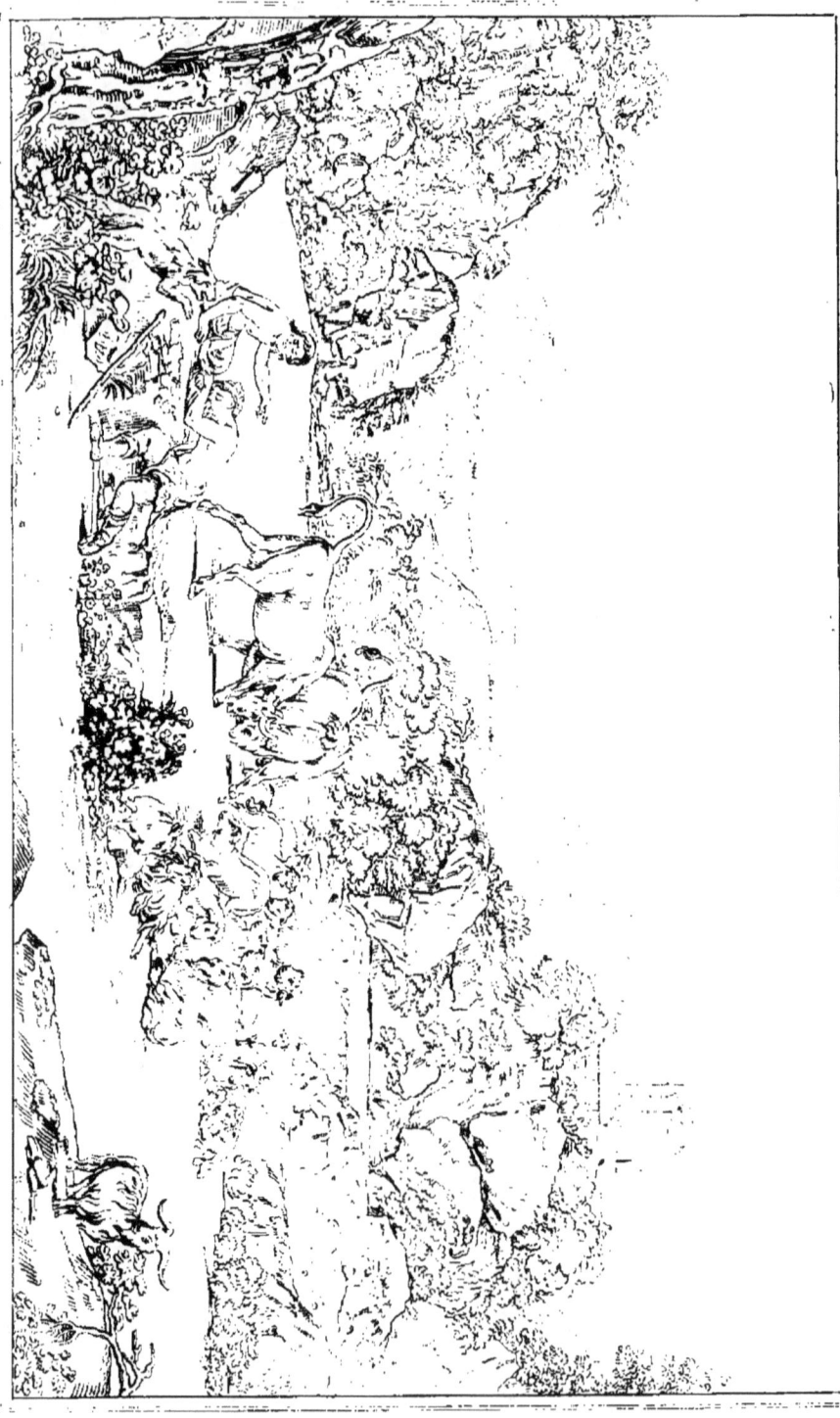

VUE DE TIVOLI.

Philippe Roos, né à Francfort sur le Rhin, habita long-temps Tivoli, près de Rome, et, pour cette raison, il est souvent nommé *Rosa de Tivoli*.

Peintre de paysage, il excellait surtout dans la manière de rendre les animaux dont il ornait le devant de ses tableaux. Celui-ci présente beaucoup plus d'étendue qu'il n'était dans l'habitude de le faire, il offre la vue de la montagne de Tivoli, et du petit Temple qui la surmonte.

Le groupe des deux vaches qui se battent est touché avec esprit : les pâtres que l'on voit sur la gauche sont bien placés, mais ils font voir combien le maître était faible sous le rapport du dessin de la figure.

Ce tableau était, en 1765, en Angleterre, dans le cabinet de M. Hadley. Il fut alors gravé par Guillaume Elliott.

Larg. 6 pieds 6 pouces, haut. 4 pied 4 pouces.

A VIEW OF TIVOLI.

Philip Roos, who was born at Frankfort on the Rhine, resided for a long time at Tivoli near Rome and, for this reason is often called *Rosa di Tivoli*. As a landscape painter he particularly excelled in rendering the animals with which he adorned the fore-grounds of his pictures The present one offers more extent than he usually gave : it represents a view of the mountain of Tivoli, and of the small temple that crowns it.

The group of two cows fighting are touched off with spirit : the herdsmen, seen on the left, are well placed, but they show how deficient that master was with respect to drawing the human figure.

This picture, in 1765, was in England, in M^r. Hadley's Collection ; and was then engraved by William Elliott.

Width 6 feet 11 inches ; height 4 feet 7 inches.

NOTICE

ADRIEN VANDER WERF.

Adrien Vander Werf naquit à Krasling-Ambacht, près de
Rotterdam, en 1659. Il montra de bonne heure son goût pour
la peinture. A peine entré chez Vander Neer, il étonna son
maître, par la précision avec laquelle il copia un petit tableau
de Mieris. Vander Werf quitta l'atelier à dix-sept ans, et dès
cet âge il eut de la réputation, pour ses portraits de petite dimension.

Il fit pour M. Steen, négociant d'Amsterdam, un tableau qui
devint la source de sa fortune. L'électeur Palatin, Charles-
Louis, l'ayant aperçu, en fut si satisfait, qu'il l'acheta et pro-
mit de ne jamais oublier l'auteur. Il se passa cependant plusieurs années, avant que le prince parût se souvenir du
jeune peintre, qui en 1687 épousa Marguerite Rees, parente
de Govaert Flinck, pour lequel il peignit un plafond, où se
trouvait une renommée entourée de génies.

L'électeur, ayant fait un nouveau voyage en Hollande, vint
voir Vander Werf à Rotterdam, et lui commanda un jugement
de Salomon et son portrait, qu'il voulait envoyer au grand-
duc de Toscane. L'artiste ayant été à Dusseldorf porter ses
deux ouvrages, le prince les lui paya généreusement, et lui fit
une pension de quatre mille florins pour l'engager à lui con-
sacrer la moitié de l'année. En 1713, Vander Werf retourna
à Dusseldorf porter son tableau du Christ au tombeau, sa pension fut augmentée, il fut créé chevalier, et sa famille anoblie.

Les tableaux de Vander Werf ne manquent ni de goût ni
d'élégance ; son dessin est assez pur, mais le coloris est froid,
et les chairs semblent être de l'ivoire. Il mourut à Rotterdam
en 1722, laissant à sa veuve une fortune considérable.

NOTICE

ADRIEN VANDER WERF.

Adrien Vander Werf, born at Krasling-Ambacht, near Rotterdam, in 1659, had an early taste for painting. Hardly was he at Vander Neer's, when he astonished his master by the exactness with which he copied a little picture of Mieris. Vander Werf left the painting-room at seventeen, and from that age got a reputation for small pictures.

He made for M^r. Steen, a merchant at Amsterdam, a picture which proved the source of his fortune. The Elector Palatin, Charles Louis saw it, and was so greatly satisfied, that he bought it, and promised never to forget the author. Several years, however, elapsed before this Prince seemed to have any recollection of the young painter, who, in 1687, married Marguerite Rees, a relation of Govaert Flinck, for whom he had painted on a ceiling a fame surrounded with geniuses.

The Elector having made another journey to Holland, went to see Vander Werf at Rotterdam, and bespoke a judgment of Salomon, also with his own portrait, which he intended sending to the Grand-Duke of Toscanne. This artist having gone to Dusseldorf to carry these two pictures, the Prince paid him in a generous manner, and allowed him a pension of 4,000 florins; to induce him to consecrate the half of the year for him. In 1713, Vander Werf returning to Dusseldorf to deliver his picture of a *Christ in a tomb*, his pension was increased, himself created a knight, and his family ennobled.

The pictures of Vander Werf want neither taste nor elegance; his drawing is tolerably pure, but he has a cold coloring, and the flesh seems as it were ivory. He died at Rotterda in 1722, leaving his widow a considerable fortune.

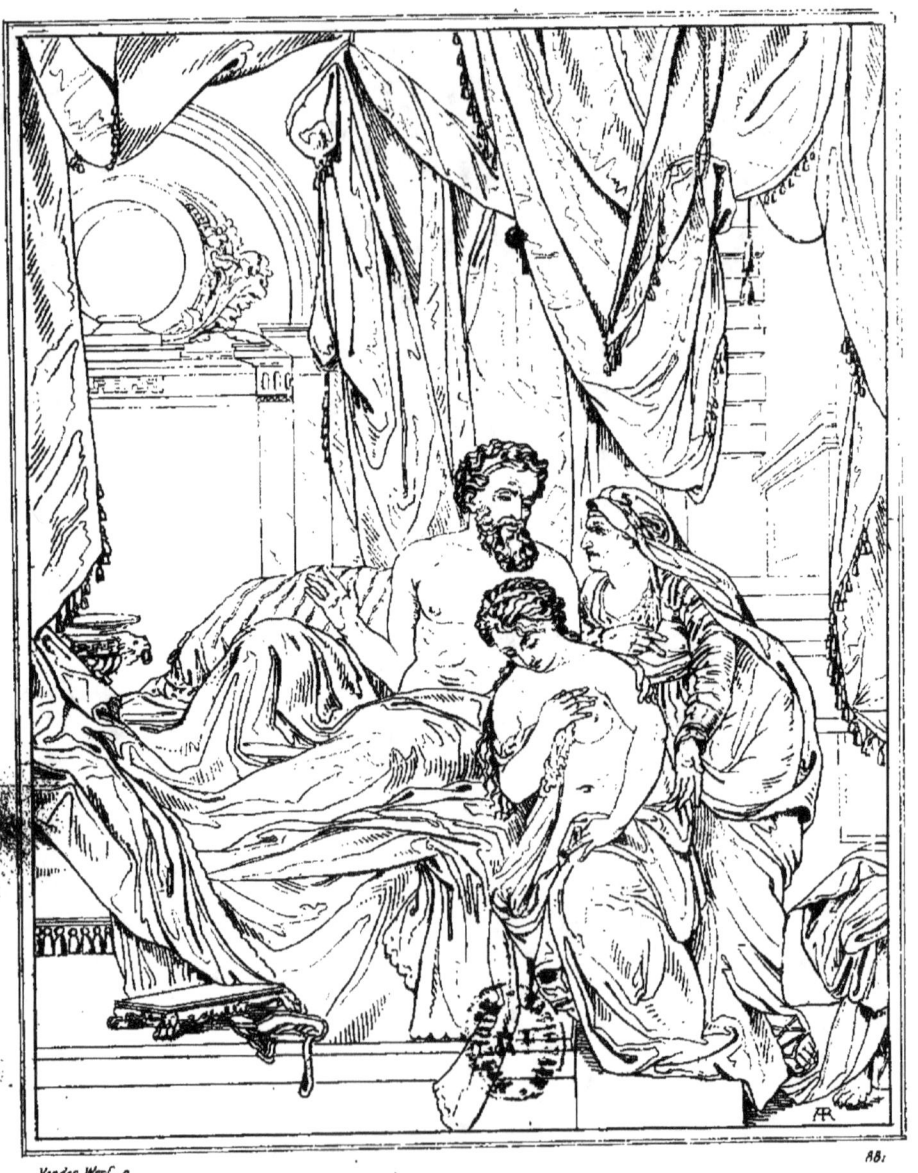

Vander Werf p.

ABISAIG PRÉSENTÉE A DAVID

ABISAIG PRÉSENTÉE A DAVID.

Le roi David, étant devenu vieux, éprouvait un tel froid que rien ne pouvait le réchauffer. « Ses serviteurs dirent donc : Il faut chercher une jeune vierge pour le roi notre seigneur, afin qu'elle se tienne auprès de lui, qu'elle le réchauffe, et que dormant avec lui elle remédie à ce grand froid qu'il éprouve. Ils cherchèrent donc, dans toutes les terres d'Israël, une fille jeune et belle, et ayant trouvé Abisaïg de Sunam, ils l'amenèrent au roi. »

Ce sujet, peint par Vander Werf, est fini avec le plus grand soin. Les draperies sont de couleurs brillantes et le clair-obscur est vigoureux ; mais les chairs sont trop polies, ce qui leur donne un peu de froideur.

Ce tableau, après avoir appartenu au duc de Chandos, passa dans la possession de Robert Walpole, à Houghton. Il fut alors gravé en mezzo-tinte, par Richard Earlom ; c'est un véritable chef-d'œuvre dans ce genre de gravure. Lors de la vente des tableaux de Walpole, celui-ci fut payé plus de 17,000 francs.

Haut., 2 pieds 8 pouces ; larg., 2 pieds 1 pouce.

B.   5.   881.

ABISHAG PRESENTED TO DAVID.

King David being « old and and stricken in years , »
was so chilled that he could « get no heat, » « Where-
fore his servants said unto him, let there be sought for my
lord the king a young virgin ; and let her stand before the
king, and let her cherish him, and let her lie in thy bosom,
that my lord the king may get heat. So they sought for a
fair damsel throughout all the coasts of Israel, and found
Abishag a Shunamite, and brought her to the king. »

This picture is finished with great care; the colours of the
drapery are brilliant, and the chiaro-oscuro is vigorous ; but
the flesh is too polished, which renders it cold.

From the possession of the Duke of Chandos, this work
passed into that that of Sir Robert Walpole, at Houghton,
when a very fine mezzo-tinto engraving of it was executed
by Richard Earlom : at the sale of Walpole's pictures, it was
disposed of for upwards of 680 pounds (17,000 francs).

Height, 2 feet 9 inches ; width, 2 feet 2 inches.

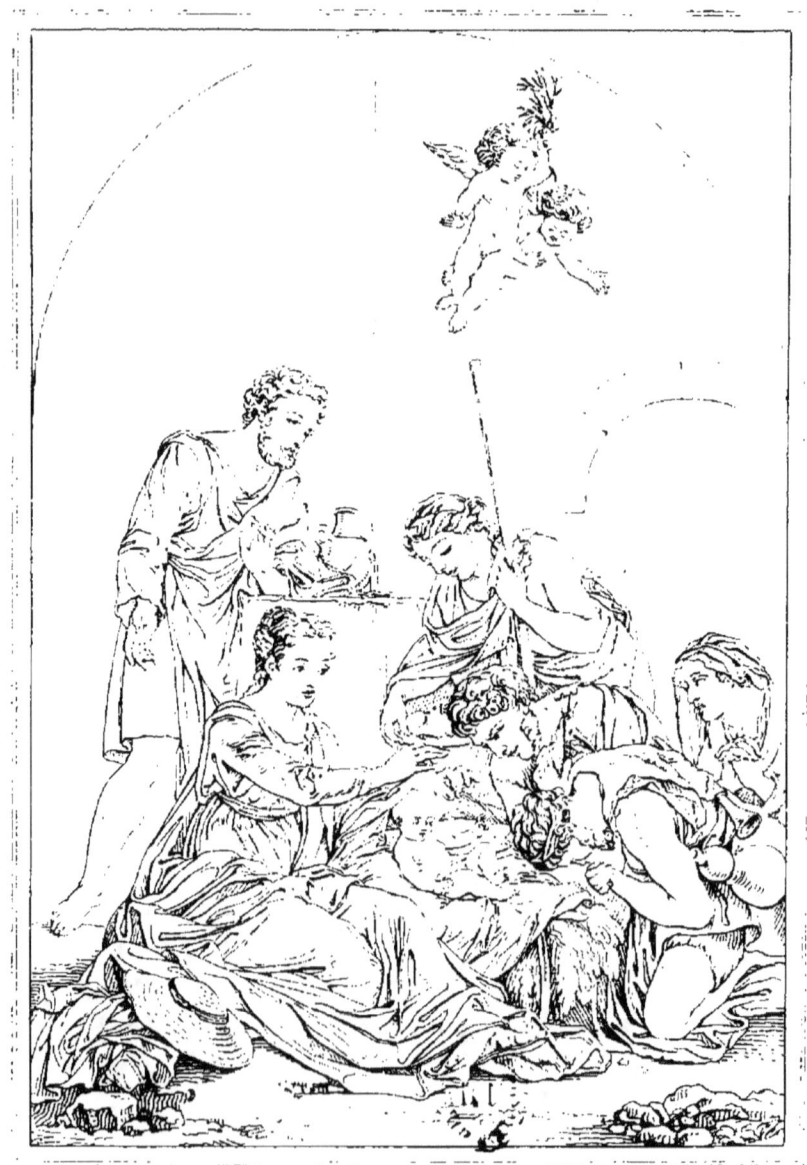

ADORATION DES BERGERS

ADORATION DES BERGERS.

Saint Luc, en parlant de la naissance de Jésus-Christ, dit :
« En ce temps-là Auguste-César fit publier un édit pour ordon-
ner le dénombrement de toute la terre. Ce premier dénombrement fut fait par Cyrius, gouverneur de la Syrie, et comme
chacun devait se faire inscrire dans la ville d'où il était, Joseph
vint de Nazareth, ville de Galilée, dans la famille de David,
pour se faire enregistrer lui et Marie son épouse qui était en-
ceinte. Pendant qu'ils étaient là, le temps où elle devait accou-
cher arriva, et elle mit au monde son fils premier né, l'enve-
loppa de langes et le coucha dans une crèche, parce qu'il n'y
avait point de place pour eux dans l'hôtellerie. »

On voit par ce qui vient d'être rapporté comment il se fait
que l'Homme-Dieu vint au monde dans une étable. Des bergers ayant été averti miraculeusement de cette naissance, vin-
rent pour adorer l'enfant, ainsi que nous l'avons déjà dit, lorsque, sous le n° 110, nous avons parlé du même sujet de l'A-
doration des bergers, peint par Guido Reni.

Vander Werf ne fit que de petits tableaux tous extrêmement
finis, ce qui quelquefois leur donne un peu de froideur. Celui-ci
est un des plus précieux de la galerie de Florence : on y admire
la beauté et la simplicité de la composition, la correction du
dessin, la variété des expressions ; cependant le peintre n'a pas
fait sentir la différence qui existe entre la rudesse de peau des
bergers et celle de l'enfant qui vient de naître ; les draperies
sont bien jetées, mais celles des bergers ne rappellent pas les
étoffes grossières dont ils devaient être vêtus. L'effet général
est plein d'harmonie. Ce tableau a été gravé par Patas.

Haut., 1 pied 6 pouces ? larg., 9 pouces.

537.

THE ADORATION OF THE SHEPHERDS.

When speaking of the birth of Jesus Christ, St. Luke relates, that, « It came to pass in those days, that there went out a decree from Cæsar Augustus, that all the world should be taxed. And this taxing was first made when Cyrenius was governor of Syria. And all went to be taxed, every one into his own city, And Joseph also went up from Galilee, out of the city of Nazareth, into Judæa, unto the city of David, which is called Bethlehem; to be taxed with Mary his espoused wife, being great with child. And so it was, that, while they were there, the days were accomplished that she should be delivered. And she brought forth her first born son, and wrapped him in swaddling clothes, and laid him in a manger, because there was no room for him in the inn. »

The above account explains how it happened that the son of God was born in a stable. Some shepherds having been miraculously warned of this birth, came to adore the infant, as it has already been mentioned, when, n° 110, we spoke of the same subject, the Adoration of the Shepherds, painted by Guido Reni.

Vander Werf painted small pictures only, and all of a high finish which sometimes gives them a rather cold appearance. This is one of the choicest in the Gallery of Florence: the beauty and simplicity of the composition, the correct designing, and the variety of expressions in it are admired : yet the painter has not given the difference existing between the roughness of the shepherds' skins, and that of the new born infant: the draperies are well cast, but those of the shepherds do not recal the coarse stuffs with which they must have been clothed. The general effect is full of harmony. This picture has been engraved by Palas.

Height, 19 inches? width, 9 ½ inches.

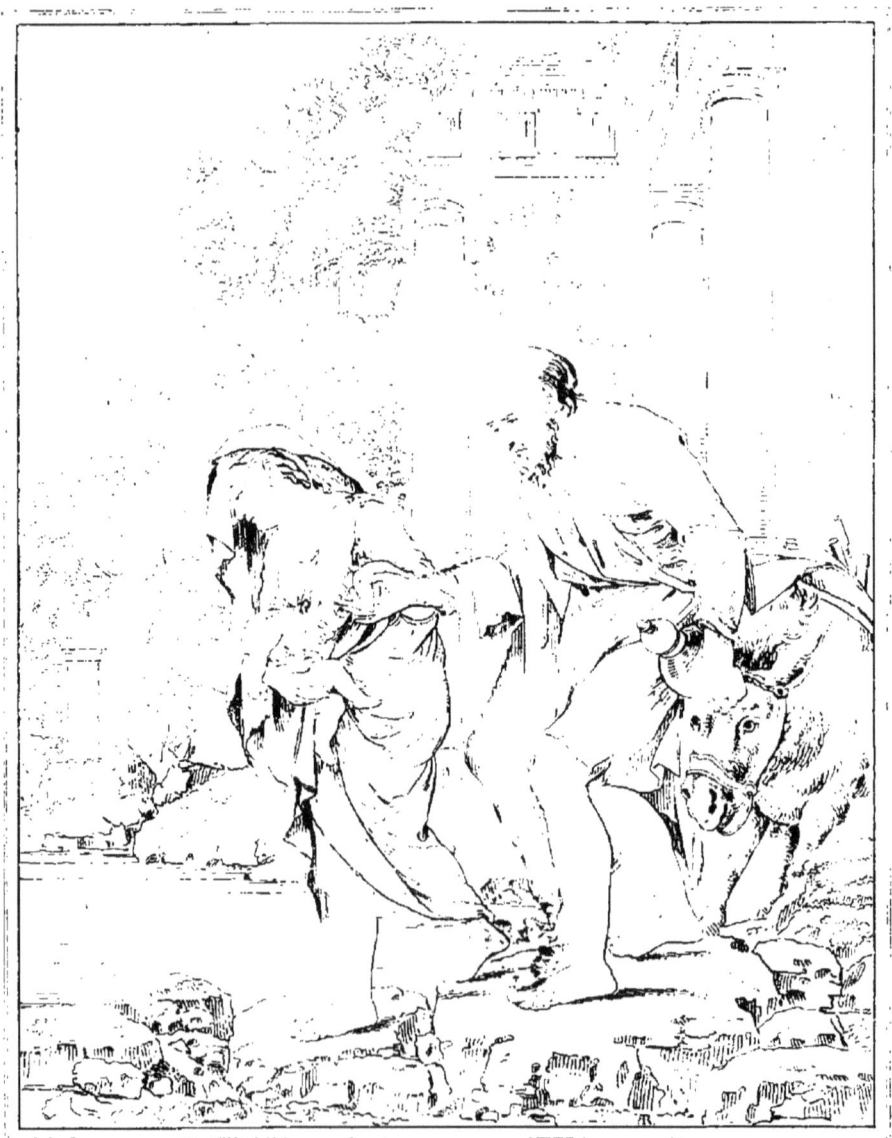

FUITE EN ÉGYPTE.

L'un des tableaux les plus capitaux de ce peintre , la fuite en Égypte , donne une idée juste de son talent. Le sujet est assurément bien facile à reconnaître ; mais on peut avec raison s'étonner que l'auteur se soit tant éloigné des convenances et du costume.

Est-ce ainsi que la Vierge devait porter l'enfant Jésus six semaines après sa naissance? N'avait-elle pas dû prendre quelques précautions à cet égard pour un long voyage ? Saint Joseph était-il un vieillard si débile qu'il eût besoin d'être conduit? Pourquoi, faisant un long voyage, n'ont-ils de chaussures ni l'un ni l'autre? Comment se fait-il que saint Joseph ait la tête nue , dans un pays où le soleil a tant de force , et quand on sait que tous les Orientaux ont toujours porté une espèce de turban? Comment Vander Werf n'a-t-il pas pensé que la Judée , pays aride et sec , ne présente pas de partie d'eau aussi agréable? Comment a-t-il pu placer un monument grec dans ce pays, et comment, s'il y avait été, s'y serait-il trouvé en ruine ? La seule réponse à toutes ces observations , c'est que le peintre a voulu présenter son sujet d'une manière agréable et avec des parties nues le plus possible.

Le coloris est extrêmement beau ; le peintre avait donné un soin particulier à cet ouvrage , qu'il destinait à sa fille ; mais il se vit obligé de le céder à M. Van Schuylenburg , qui le paya quatre mille florins.

A la vente de ce célèbre amateur, en 1735, il passa dans le cabinet du Stathouder ; il fait maintenant partie du Musée Royal de La Haye.

Il a été gravé par Avril père , Bovinet et Normand.

Hauteur, 1 pied 6 pouces ; largeur, 1 pied 2 pouces.

863.

THE FLIGHT TO EGYPT.

This is one of the author's most capital performances, and affords a just idea of his talent. The subject is not to be mistaken ; but it is not without surprise that we see the artist depart so widely from propriety and costume, in his manner of treating it.

Can the Virgin he supposed to have carried thus an infant six weeks old, so long a journey ? Was St. Joseph so decrepit as to require to be led? How happens it that both parents proceed bare-footed on their long pilgrinage ? and that St. Joseph's head is uncovered in a burning climate, when the eastern nations are well known always to have worn turbans? How could Vander Werf forget, that pieces of water, like that here represented, are not found in the arid country of Judea? How came he to place in that region a Grecian monument, and especially a ruin ? — The only answer to these questions is , that his sole aim was to represent his subject in the most agreeable manner, and to shew as much of his figures naked as possible.

The colouring of this picture is extremely beautiful. The artist bestowed peculiar pains upon its execution , designing it as a present for his daughter ; but he was under the necessity of parting with it to Mr. Van Schuylenburg, for the sum of 4,000 florins.

At the sale of that celebrated amateur's pictures, in 1735, it was purchased for the Stadtholder's collection, and is now in the Royal Museum of the Hague.

Height, 1 foot 7 inches ; width, 1 foot 3 inches.

863.

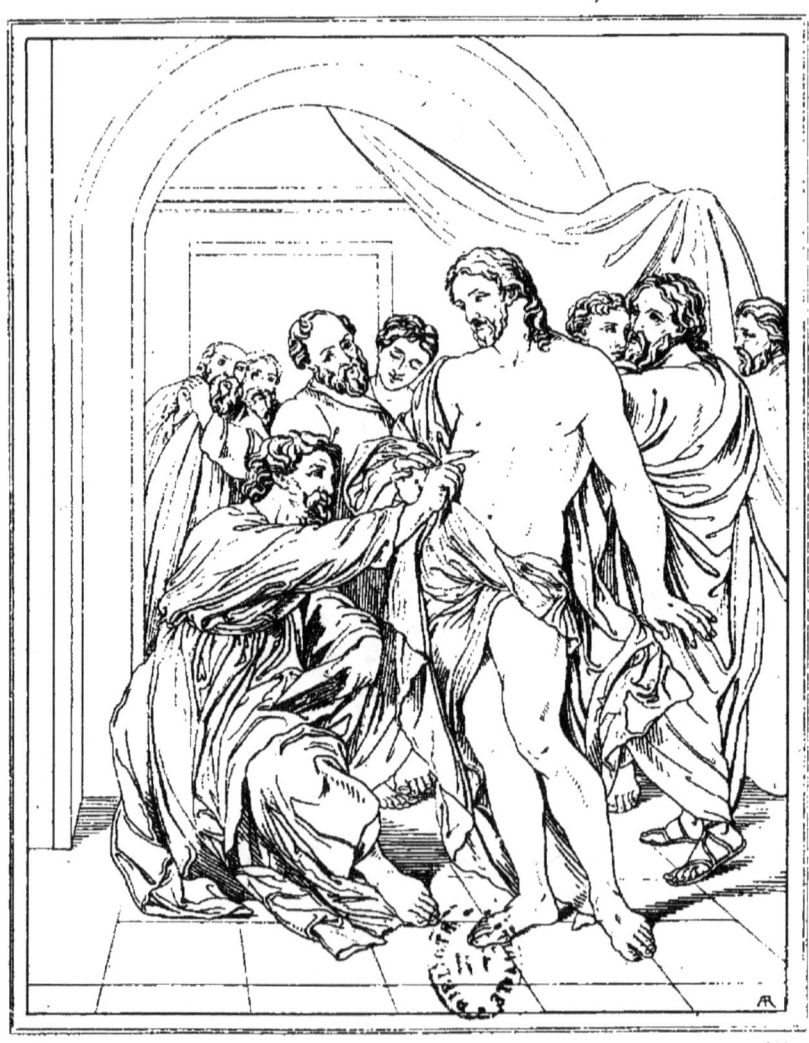

646

INCRÉDULITÉ DE ST THOMAS.

INCRÉDULITÉ DE SAINT THOMAS.

Thomas, l'un des apôtres, ne voulait pas croire à la résurrection de Jésus-Christ, il disait : « Si je ne porte mes doigts dans la place des clous, et si je ne mets ma main dans son côté, je ne le croirai point. » Huit jours après, pendant que les disciples étaient dans la maison, Thomas était avec eux, Jésus vint, et leur dit : « La paix soit avec vous. » Ensuite il dit à Thomas : « Regardez mes mains et mettez-y votre doigt, portez aussi votre main dans mon côté, et ne soyez pas incrédule, mais soyez fidèle.... » A quoi Thomas répondit : « Vous êtes mon Seigneur et mon Dieu. » Jésus ajouta : « Vous avez cru, Thomas, parce que vous avez vu ; heureux ceux qui n'ont point vu et qui ont cru ! »

Lorsque Vander Werf traita ce sujet, il parait n'y avoir employé d'abord que deux figures : celles des apôtres semblent ajoutées pour se conformer à la vérité de l'histoire, et ne font réellement pas partie de la composition. La figure de Jésus-Christ est dans une attitude pleine de dignité, celle de saint Thomas exprime le repentir ; s'il approche sa main, cela parait être par obéissance aux ordres du Sauveur.

La scène se passant dans une chambre fermée, Vander Werf a pu sans inconvénient se laisser entraîner à son goût pour les effets du clair-obscur ; aussi Josué Reynolds parle de ce tableau d'une manière d'autant plus avantageuse, qu'il est également parfait sous le rapport du précieux fini.

Ce tableau, peint sur bois, fut acheté en 1741 par M. Bischop, il passa ensuite à M. Jean Hope, et à son fils, M. Henri-Philippe Hope. Il a été gravé par E. Scriven.

Haut., 1 pied 11 pouces ; larg., 1 pied 6 pouces.

Y. 3.   646.

CHRIST AND Sᵀ. THOMAS.

Thomas, one of the twelve, would not believe in the re-surrection of Christ, he said : « Except I shall see in his hands the print of the nails, and put my finger into the print of the nails, and thrust my hand into his side, I will not be-lieve. » And after eight days again his disciples were within, and Thomas with them : then came Jesus, the doors being shut, and stood in the midst, and said: « Peace be unto you.» Then saith he to Thomas : « Reach hither thy finger, and be-hold my hands; and reach hither thy hand, and thrust it into my side : and be not faithless, but believing. » And Thomas answered and said unto him : « My Lord and my God. » Jesus saith unto him : « Thomas, because thou hast seen me, thou hast believed : blessed are they that have not seen, and yet have believed ! »

When Vander Werf treated this subject, it appears he at first introduced two figures only : those of the apostles seem to be have been added to conform to the truth of history, and in fact form no part of the composition. The figure of Christ is in a dignified attitude, that of St. Thomas expresses repentance : although he reaches his hand it is apparently in obedience to the commands of our Saviour.

The scene taking place in a closed room, Vander Werf could without risk yield to his taste for effects of light and shade : Sir Joshua Reynolds speaks the more advantageously of this pic-ture as it is equally perfect with respect to the high finishing.

This picture, which is painted on wood, was purchased in 1741 by M. Bischop, it afterwards got into Mʳ. John Hope's Collection and is now in the possession of his son, Mʳ. Henry Philip Hope. It has been engraved by E. Scriven.

Height, 24 inches; width, 19 inches.

646.

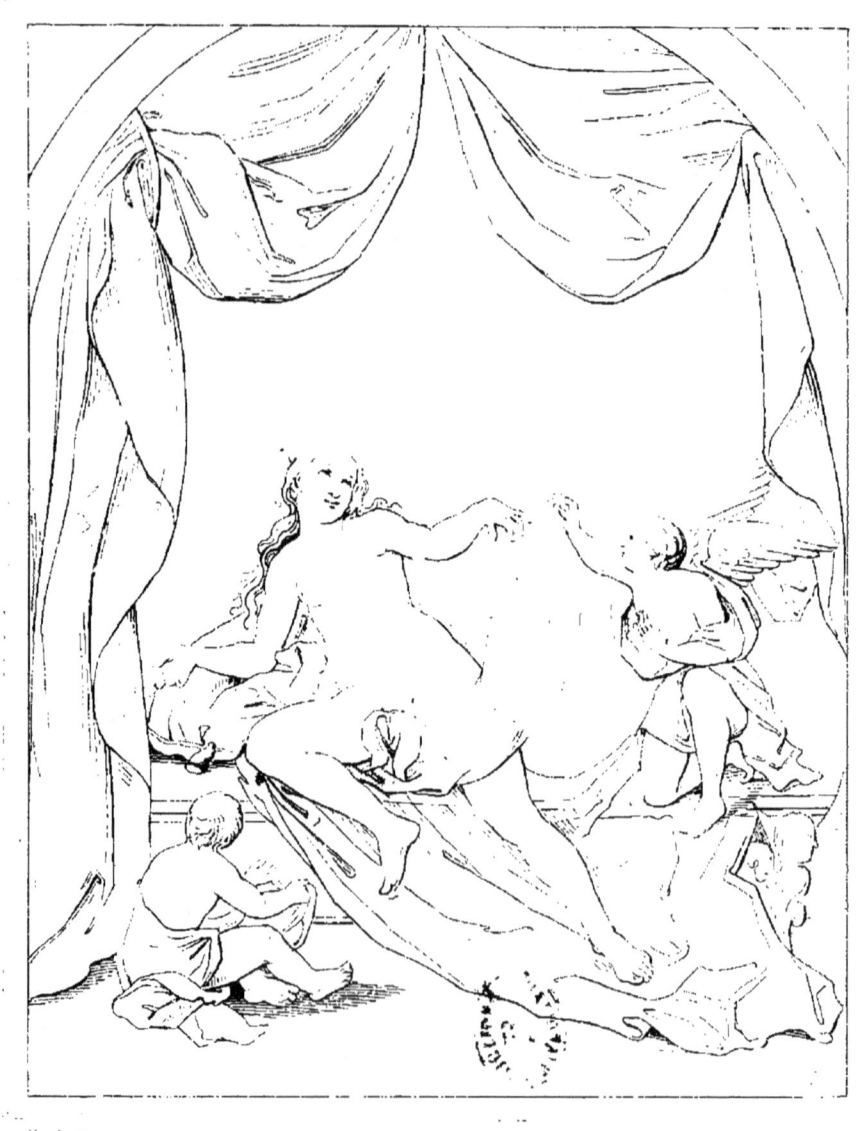

DANAÉ

DANAÉ.

Déja sous le n° 143 nous avons eu occasion de parler de Danaé, qui fut enfermée par son père Acrisius, roi d'Argos, dans la crainte qu'eut ce prince de voir s'accomplir l'oracle, qui lui avait prédit que son petit-fils serait cause de sa mort. Jupiter, par le moyen d'une pluie d'or, parvint à pénétrer dans la tour d'airain où Danaé était soigneusement gardée. Elle devint ainsi mère de Persée, qui, dans un jeu funèbre où se trouvait Acrisius, lança un disque de telle manière, qu'en retombant il vint frapper le malheureux roi d'Argos.

Danaé dans ce tableau est assise sur un lit recouvert d'une grande draperie bleue qui tombe jusqu'à terre ; près d'elle est l'Amour, qui soutient en partie le voile dans lequel Danaé cherche à recevoir la pluie d'or que l'on voit tomber sur elle. Il est difficile d'expliquer l'action d'un autre enfant que Vander Werf a placé assis sur le devant, et qui, en soulevant la draperie rouge dont il est entouré, semblerait vouloir aussi recevoir quelques parties de la précieuse pluie.

La pose de Danaé n'est pas très gracieuse, mais les chairs sont tellement belles et d'un fini si précieux, que ce tableau, d'un mérite distingué, jouit à juste titre d'une grande célébrité. Il faisait partie du précieux cabinet de M. van Dam, mort à Dordrecht en 1828.

Haut., 1 pied 9 pouces ; larg., 1 pied 3 pouces.

DANAE.

In a former number (143) we spoke of Danae, whom her father Acrisius, king of Argos, shut up, lest the prediction of the oracle should be fulfilled; that his daughter's son would be the cause of his death. Jupiter, by the means of a golden shower succeeded in penetrating into the brazen tower where Danae was closely immured. She thus bore Perseus, who, at some funeral games, threw a quoit in such a manner, that, as it fell, it struck the unfortunate king of Argos and killed him.

In this picture, Danae is sitting on a bed covered over by an ample blue drapery, hanging to the floor; near her is Cupid, who partly holds up the veil in which Danae is endeavouring to receive the golden shower, seen falling around her. It is difficult to explain the action of another boy that, Vander Werf has seated in the front, and who, by raising the scarlet drapery with which he is surrounded, would seem also to wish to catch some of the precious rain.

The pose, or attitude of Danae, is not very graceful : but the carnations are so beautiful and so highty finished, that this picture, very justly, enjoys great celebrity. It forms part of the precious collection of M. van Dam, who, in 1828, died at Dordrecht.

Height, 1 foot 10 inches ; width, 1 foot 4 inches.

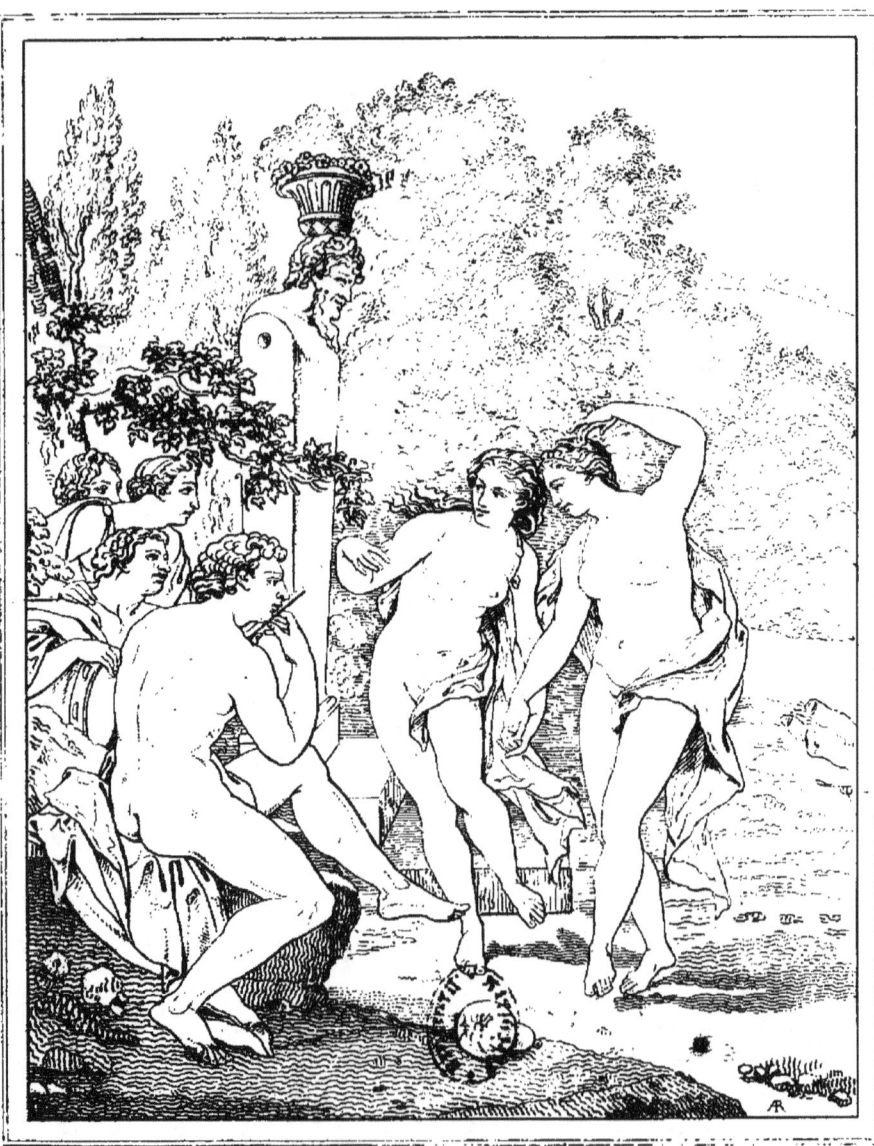

NYMPHES DANSANT.

NYMPHES DANSANT.

Les personnages représentés dans cette composition n'ayant pas de caractère bien prononcé, l'on a eu de l'incertitude sur la manière d'expliquer le sujet : mais Visconti, dont les décisions sont souveraines lorsqu'il est question des monumens de sculpture, a également fait preuve d'une sagacité parfaite en reconnaissant une scène bachique dans ce petit tableau.

C'est devant une image du dieu des jardins que se célèbre la fête. L'attribut caractéristique de Priape est caché au moyen d'une branche d'arbre : ce soin de l'auteur annonce bien l'intention de faire reconnaître le dieu. La couronne de lierre et le *tympanum* sont des attributs des bacchanales en général. On voit souvent sur les monumens antiques les compagnons de Bacchus se livrer à des mouvemens immodérés, qui sont un effet de l'ivresse ; on les voit aussi quelquefois, comme dans cette composition, exprimer leur joie par des danses paisibles et voluptueuses. Si l'artiste, au lieu de former deux groupes, l'un de danseuses et l'autre de spectateurs, eût fait participer tous les personnages à l'action, il y aurait eu plus d'unité.

Quant à l'exécution, l'on voit à regret dans les attitudes des danseuses un peu de recherche et de manière. Le coloris est harmonieux, mais froid ; et malgré la verdure du feuillage qui orne la scène, les teintes même du corps des deux femmes nues sont ternes et grisâtres.

Ce tableau a été peint sur bois vers 1720. C'est sous le règne de Louis XVI que l'acquisition en fut faite pour le Musée de Paris. Il en existe plusieurs gravures faites par Guibert et Desnoyers, Gaucher et Riquet, Petit, Bonneville, Lefort.

Haut., 1 pied 9 pouces ; larg., 1 pied 4 pouces.

441,

≳•≲

NYMPHS DANCING.

The personages represented in this composition having no determined characteristic, some uncertainty existed as to the manner of explaining the subject. But Visconti, whose opinion it decisive when the question is upon any monument of sculpture, has also given proof of a perfect discernment in discovering a bacchanalian scene in this small picture.

It is in the presence of an image of the god of gardens that this festival is being celebrated. The characteristical attribute of Priapus is hidden by means of the branch of a tree; this care on the part of the author shows the intention that the god should be known. The Ivy crown and the *Tympanum* are the attributes of Bacchanalia generally. The companions of Bacchus are often seen upon ancient monuments, yielding to wanton and immoderate movements, the effects of ebriety: they are sometimes seen, as in this composition, expressing their joy in calm and voluptuous dances. If, instead of forming two groups, the one of female dancers, and the other of spectators, the artist had made all the personages participate in the action, there would have been more unity.

As to the execution, it is to be regretted, that in the attitudes of the dancers there is a little affectation and mannerism. The colouring is harmonious, but cold; and notwithstanding the verdure of the foliage, which decks the scene, even the tints of the bodies of the two naked women are dull and greyish.

This picture was painted on wood about the year 1720 : it was purchased, under the reign of Lewis XVI, for the Paris Museum. There exists several engravings from it, by Guibert and Desnoyers, Gaucher and Riquet, Petit, Bonneville, Lefort,

Height, 22 ½ inches; width, 17 inches.

441.

EMENT DU TEMPS

JUGEMENT DE PARIS.

Paris, élevé sur le mont Ida parmi les pasteurs, fut désigné comme devant adjuger à la plus belle des déesses, *la pomme d'or* jetée par la Discorde, aux noces de Thétis et de Pélée. Mercure vient de faire connaître au jeune berger l'ordre de Jupiter et déjà les trois déesses sont nues devant ses yeux.

Minerve est bien caractérisée par le casque qu'elle a conservée sur sa tête, sa pose et son éloignement font assez connaître combien elle se trouve offensée de se montrer sans vêtement. Junon est coiffée d'un diadème, la couleur du ruban qu'elle porte en écharpe, semble indiquer qu'elle revêt ordinairement la pourpre royale. Quant à Vénus, elle est entièrement nue; l'Amour est auprès d'elle et deux colombes sont à ses pieds. Elle avance la main pour recevoir le prix de la beauté, mais le jeune Paris semble hésiter à le lui donner, comme s'il pressentait les malheurs dont son jugement va devenir la cause.

Ce précieux tableau de Vander Werf est peint sur bois; il faisait partie autrefois de la galerie du Palais-Royal, il passa ensuite dans la collection de M. de Talleyrand, puis dans celle de M. Gray de Haringay-House. Il a été gravé par Maurice Blot.

Haut., 2 pieds.

JUDGMENT OF PARIS.

Paris brought up on mount Ida, was appointed to adjudge to the most beautiful of the goddesses, the golden apple thrown by the goddess Discord, at the wedding of Thetis and Peleus. Mercury has just made known to the young shepherd the order of Jupiter, and already the three goddesses are naked before his eyes.

Minerva is distinguished by the helmet which she bears, her position and distance sufficiently indicate her dissatisfaction, on being exposed without clothing. Juno wears a diadem, the colour of the ribbon which is arranged as a scarf, seems to point out that she is usually arrayed in royal purple. As for Venus, she is entirely naked, Cupid is near her, and two doves are at her feet, she is stretching out her hand to receive the prize of beauty, but the young Paris seems to hesitates in giving it to her, as if he foresaw the misfortunes, which his judgment was about to cause.

This valuable picture of Vander Werf is painted on wood, it formerly belonged to the gallery of the Palais Royal, it afterwards passed into the collection of M. de Talleyrand and into that of M. Gray of Haringay-House. It has been engraved by Maurice Blot.

Heigth 2 feet 1 inch $\frac{1}{4}$.

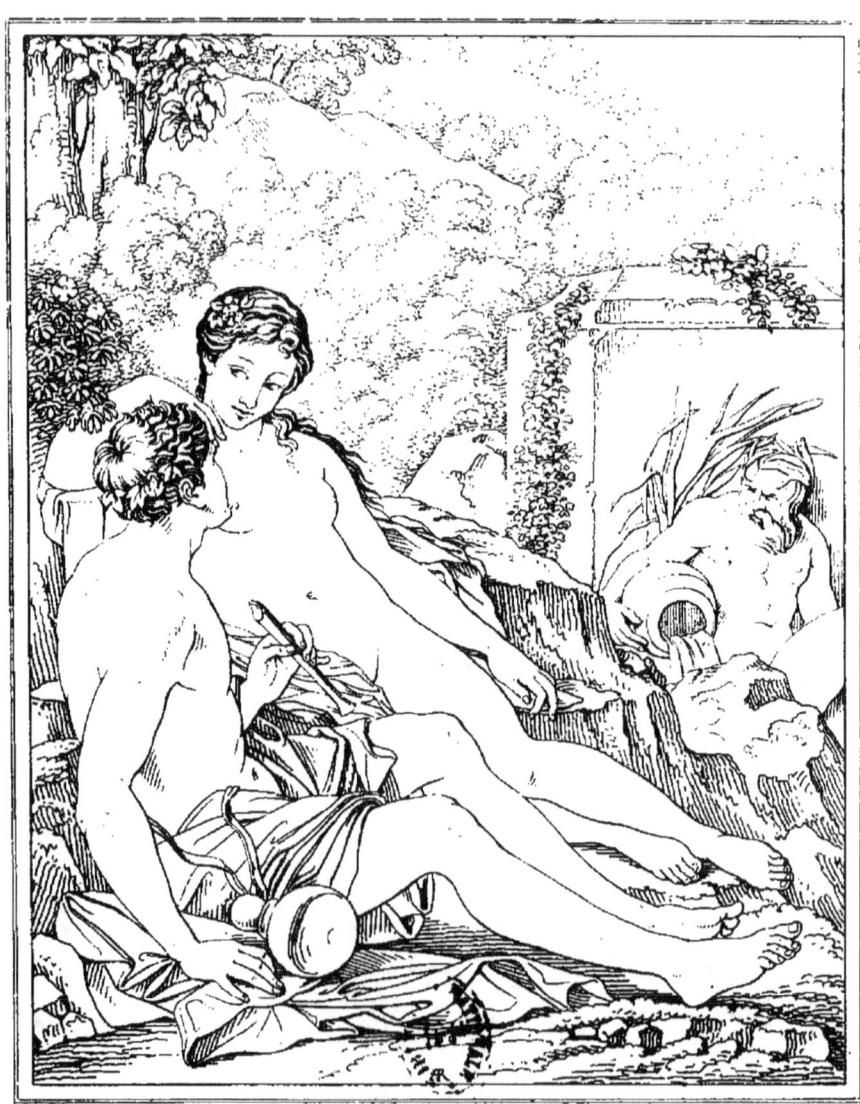

Vander Werf p.   741.

ŒNONE ET PARIS

OENONE ET PARIS.

Peut-on croire que le peintre Vander Werf ait eu réellement l'intention de représenter ici le beau berger Pàris, et la nymphe OEnone, son épouse. Ces deux figures manquent de noblesse, on pourrait même dire qu'il y a quelque chose de triviale dans celle de Pàris. On ne peut reconnaître ici le berger choisi par trois déesses, pour apprécier leur beauté. Rien en lui ne rappelle ces charmes séducteurs, qui entraînèrent l'épouse de Ménélas et causèrent la ruine de Troie. On peut également s'étonner que, n'ayant que deux figures dans son tableau, le peintre ait peint l'une des deux vue par derrière.

Assis dans une solitude, les deux époux paraissent s'entretenir ensemble; on doit croire que leur conversation est languissante, puisque Pàris tient une flûte, dont sans doute il va jouer pour échapper à l'ennui.

Le monument que l'on voit à droite représente le fleuve Cébrène, père de la nymphe OEnone; c'est la seule chose qui caractérise ce sujet.

Ainsi que tous les autres tableaux de Vander Werf, celui-ci se distingue par un fini très-précieux. L'auteur l'a signé ainsi : Cʰᵉʳ. A. V. WERFF. F. Peint sur bois, il fait partie de la collection du roi de Sardaigne, et a été gravé par Porporati.

Haut., 1 pied 3 pouces; larg., 11 pouces.

K. 4.   741.

OENONE AND PARIS.

It is hardly credible theat the painter Vander Werff really intended to represent in this picture the handsome shepherd Paris, and his wife, the Nymph Œnone: The two figures want in grandeur, it might even be said that there is something trivial in that of Paris : there is no trace in him of the shepherd chosen by the three goddesses to determine upon their beauty. Nothing recals those attractions which seduced the wife of Menelaus and caused the ruin of Troy. It is also astonishing that having but two figures to depict, the artist has given a back view of one of them.

Seated in a sequestered spot, they appear to hold a conversation together, but it may be supposed to flag a little, for Paris holds a pipe, upon which no doubt he is going to play to escape from wearisomeness.

The monument seen to the right represents the river Cebrennus, father to the nymph Œnone, and is the only object which characterizes the subject.

Like all Vander Werff's other pictures, this one is remarkable for a very high finish. The author has signed it thus, C$_{B}$er. A. V. WERFF. F. It is painted on wood and forms part of the king of Sardinia's Collection : it has been engraved by Porporati.

Height, 16 inches; width 11 ½ inches.

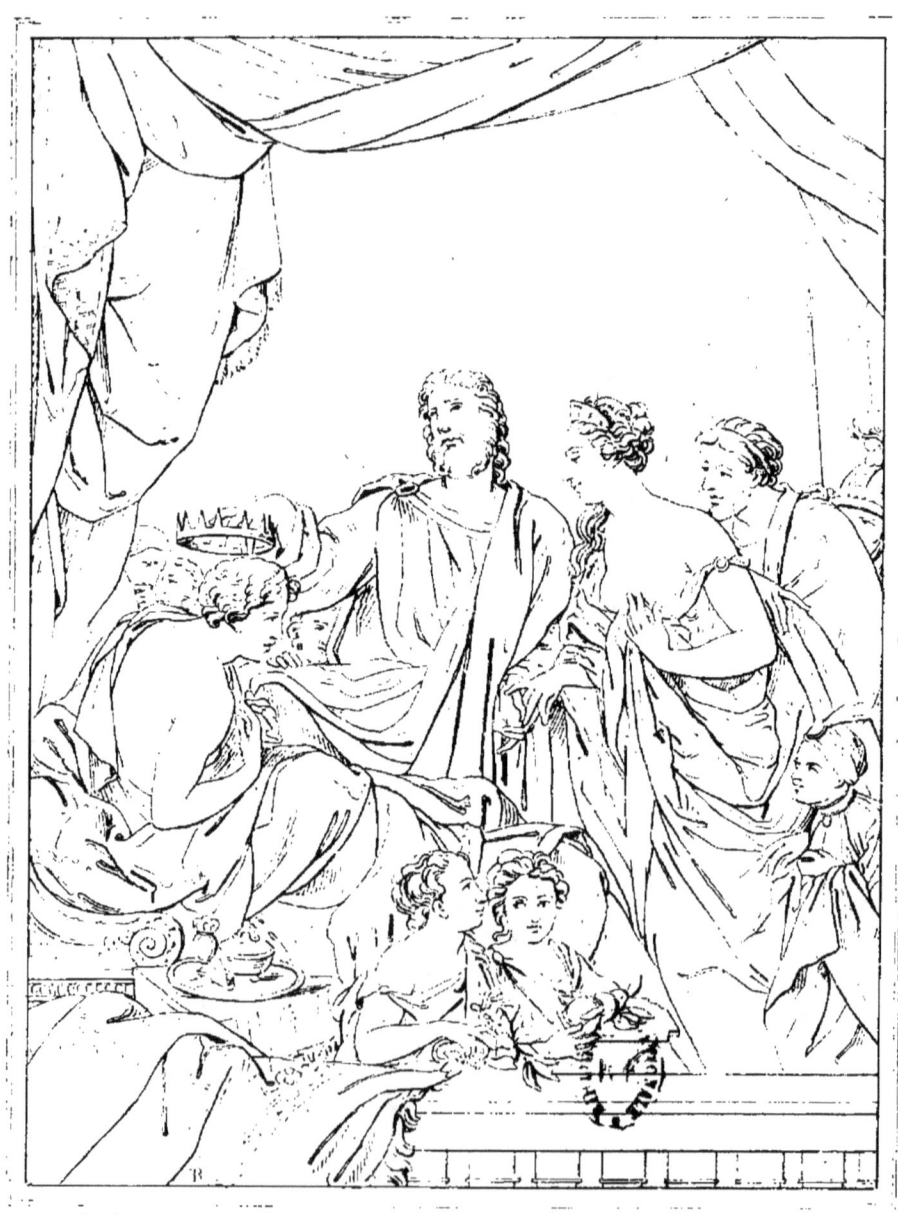

MALADIE D'ANTIOCHUS.

Le peintre Gérard Lairesse a traité le même sujet et nous l'avons donné sous le n°. 754; nous ne reviendrons donc pas sur ce que nous avons dit alors, relativement à cette scène de l'histoire ancienne. Mais nous ferons remarquer que si, par l'importance du sujet et par le nombre des figures, ce tableau est l'un des plus considérables de ceux qui soient sortie du pinceau de Vander Werf, il ne peut être considéré comme un de ses meilleurs ouvrages.

L'expression de Séleucus semble faire pressentir une douleur physique qui ne peut s'accorder avec le dévouement héroïque d'un père, qui fait un sacrifice pour sauver les jours de son fils. La pose de Stratonice est sans grâce, la figure d'Érasistrate est tout-à-fait insignifiante et tellement déplacée qu'elle semble un hors-d'œuvre.

Ce tableau, peint sur bois, était du nombre de ceux que possédait l'anglais Grégoire Page; depuis il passa dans la collection du roi de France, et se voit maintenant dans la galerie du Louvre.

Haut., 2 pieds 3 pouces; larg., 1 pied 7 pouces.

790.

➤◆◀

ILLNESS OF ANTIOCHUS.

The painter Gerard Lairesse has treated the same subject, and we have given it under n°. 754 ; we shall not therefore repeat what we then said relative to that scene from ancient history. But we must remark, that, if from the importance of the subject and the number of figures , this picture is one of the most distinguished due to Vander Werf's pencil , it cannot be considered as one of his best works.

The expression of Seleucus seems to be that of bodily pain, and does not suit the heroical devotedness of a father making a sacrifice to save the life of a son. The attitude of Stratonice is void of grace, whilst the figure of Erasistrates is quite insignificant, and so misplaced, that it appears foreign to the subject.

This picture, which is painted on wood , was amongst those belonging to sir Gregory Page Turner; it has been since , in the collection of the king of France, and now is in the Gallery of the Louvre.

Height , 2 feet 4 inches ; width , 1 feet 8 inches.

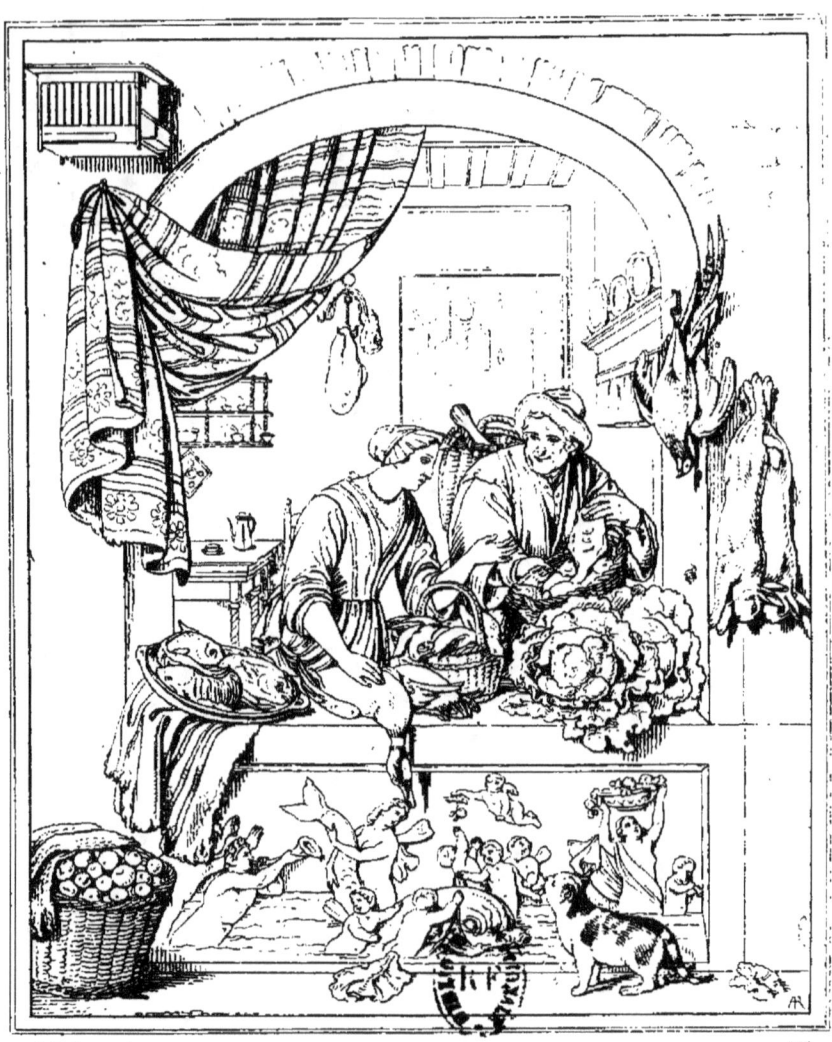

LE CHAT

936

MARCHANDE DE COMESTIBLES.

TABLEAU NOMMÉ
LE CHAT.

Nous avons déjà eu l'occasion de faire remarquer que quelques tableaux sont connus et habituellement désignés par un sobriquet, qui, sans être absolument inexact, présente de la singularité et souvent même du ridicule. On peut en voir une preuve dans la dénomination donnée à ce tableau de Guillaume van Mieris; car, quoiqu'il s'y trouve un chat, il n'est assurément pas l'objet le plus remarquable de la composition, où l'on voit un pêcheur venant apporter du poisson à une marchande dont la boutique est également pourvue de gibier et de légumes; mais la difficulté de trouver une désignation courte, claire et facile à retenir, a fait donner un nom caractéristique qui ensuite a été adopté.

L'auteur de ce tableau est Guillaume van Mieris fils et élève de François Mieris le vieux. Ce tableau est un des plus parfaits du maître, tous les détails en sont finis avec le plus grand soin. Ils sont d'une telle vérité, qu'on ne peut douter qu'ils soient faits tous d'après nature. Les deux figures sont d'un bon style, ainsi que le bas-relief dont est décoré le dessous de la fenêtre.

Ce charmant tableau est peint sur bois; il fut acheté, à ce qu'on croit, à Bruxelles, par un M. West, autre que le peintre anglais de ce nom. Apporté par lui en Angleterre, il y acquit bientôt une grande réputation et un prix très-élevé. Il passa dans le cabinet de M. G. Hibbert, et appartient maintenant à M. Jean Dent. Il a été gravé par Burnet.

Haut., 1 pied 6 pouces; larg., 1 pied 2 pouces.

N. 3.   556.

THE MARKET WOMAN,

OR,

THE CAT.

We have already had occasion to remark that some pictures are known and generally designated by a nickname, which, though not absolutely inaccurate, offers singularity and sometimes even ridicule. A proof of this may be seen by the title given to this picture of William van Mieris, for although there is a cat in it, certainly it is not the most remarkable object of the composition, wherein a fisherman is seen bringing fish to a woman, whose shop is also provided with game and vegetables; but the difficulty of finding a short title, easily remembered, has occasioned the giving a characteristical name which was subsequently continued.

The author of this picture is William van Mieris, son and pupil to Francis Mieris, the elder, of whom we have given two pictures nos. 264 and 315. This picture is the most perfect by its master; all the details of it are finished with the utmost care, and they are so faithful that it canot be doubted but that they all are from nature. The two figures are in a good style as also the bas-relief decorating the under part of the window.

This delightful picture is painted on wood: it is believed to have been purchased at Brussels by a Mr. West, and to have been taken by him to England, where it soon got into great repute, and was sold for a very high price. It passed into Mr. G. Hibbert's Collection and now belongs to Mr. John Dent. It has been engraved by Burnet.

Width 19 inches; height 15 inches.

556.

NOTICE

SUR

CORNEILLE DU SART.

Corneille Du Sart naquit à Harlem en 1665. Élève d'Adrien
Van Ostade, il a beaucoup imité sa manière, et, comme, lui il
s'est plu à peindre des scènes rustiques. Ses figures n'ont pas
d'élégance, mais elles sont vraies et d'une expression remplie
de justesse, son coloris est vigoureux et plein de transpa-
rence.

Du Sart, d'une complexion délicate, a vécu avec sobriété,
contre l'ordinaire de plusieurs artistes ses compatriotes. Il
voyait peu de monde et se trouvait heureux chez lui. Il forma
une belle collection de dessins et d'estampes, et même il a
gravé à l'eau-forte seize pièces pleines d'esprit et très-recherchées. Il a fait aussi un plus grand nombre de figures gravées
en mezzo-tinte, et qui ne sont pas communes.

Il vivait dans une grande intimité avec un amateur nommé
Adam Dingemans; cet ami l'avait à peine quitté depuis une
demi-heure, le 6 octobre 1704, que, retournant pour le voir,
il le trouva mort. Il mourut aussi lui-même dans la même
journée, et furent enterrés ensemble dans la même église.

NOTICE

CORNEILLE DU SART.

Corneille Du Sart was born at Harlem in 1665. A pupil to Adrien Van Ostade, he greatly imitated his manner, and like him, pleased himself in painting rural scenes. His figures though not elegant, are of a true and just expression, his colouring vigorous and full of transparency.

Du Sart being of a delicate complexion, lived soberly, contrary to several artists his countrymen. He frequented little the world and never was so happy as at home. He formed a handsome collection of drawings and prints and even has etched sixteen pieces full of spirit and greatly sought after.

He has also performed a great number of figures engraved in mezzo-tinto, which are not easily to be met with.

He was very intimate with an amateur named Adam Dingemans; it was scarcely half an hour since this friend had left him on the 6 th. of october 1704, when returning to see him, he found him dead. He himself also died on the same day; they were buried together in the same church.

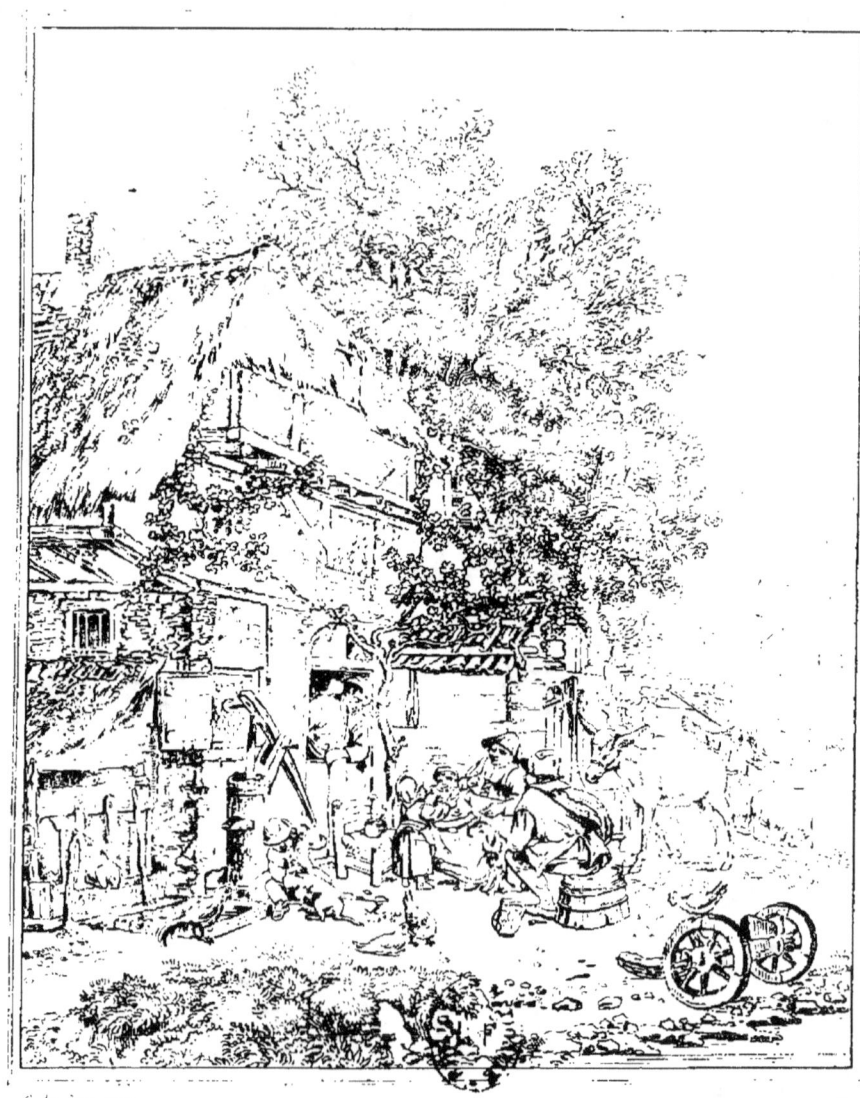

LA CHAUMIÈRE.

LA CHAUMIÈRE.

En examinant ce tableau, il est facile de voir que Corneille du Sart a dû le peindre d'après nature. Étudié avec un soin particulier, tous les détails en sont si vrais et si exacts qu'il serait difficile de les rendre avec autant de perfection sans avoir le modèle sous les yeux.

Le sujet est des plus simples : une mère de famille tient sur ses genoux un petit enfant, auquel un autre plus grand tend les bras. Le père, assis sur un baquet renversé, parle à ses enfans, et le grand-père, debout à la porte de la chaumière, examine attentivement toute la scène. Près de ces personnages est le chien, compagnon fidèle des enfans; plus loin à gauche, un petit garçon donne quelques tapes au chat, qui sans doute avait voulu prendre certaine licence vis-à-vis d'un jeune coq. A droite, un autre garçon plus âgé conduit en criant deux petits cochons.

Ce tableau, l'un des plus capitaux de Corneille du Sart, a fait partie du cabinet de M. Bradford. Il a été gravé en 1765, par le célèbre Guillaume Woollett, qui plus tard fit pour pendant le tableau des *Paysans joyeux*, que l'on trouve dans cet ouvrage sous le n°. 621.

Haut. 1 p. 6 p.; larg. 1 p. 2 p.

616.

THE COTTAGE.

When inspecting this picture it is easy to discern that Cornelius Du Sart must have painted it from nature. Carefully studied, all its details are so true, so exact, that it would be difficult to express them in such perfection, unless with a model present.

The subject is very simple : a mother is holding a child on her knees, to which another, who is older, stretches out its arms. The father, who is sitting on the bottom of a tub, speaks to his children ; and the grand father, standing near the cottage door, carefully watches the whole scene. Near these personages is a dog, the children's faithful companion ; farther to the left, a little boy is beating a cat, no doubt for having presumed too much familiarity with a young barn cock. On the right, an older boy is driving and holloaing after a couple of young pigs. This picture, one of the choicest by Cornelius Du Sart, formed part of Mr. Bradford's Collection. It was engraved in 1765, by the famous William Woollett, who subsequently did as its companion the painting of the Jovial Peasants, n°. 621 of this Collection.

Height 19 inches ; width 15 inches.

616.

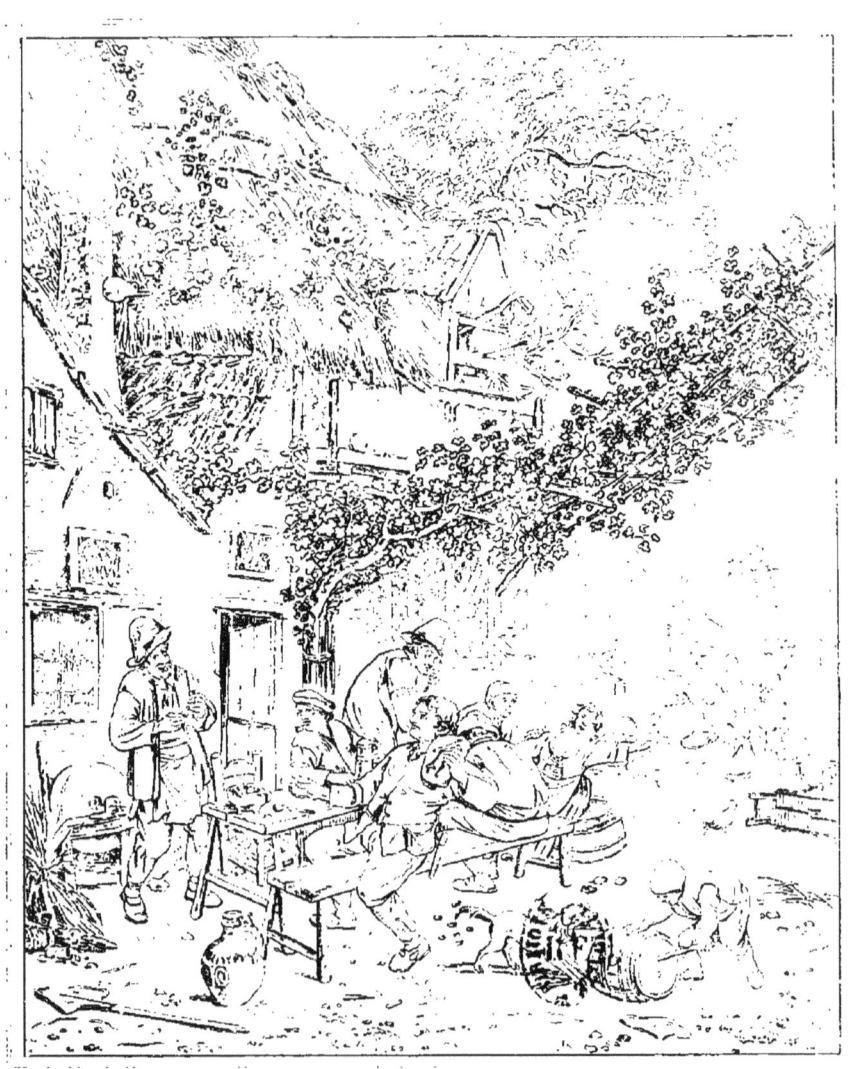

PAYSANS JOYEUX.

LES PAYSANS JOYEUX.

Corneil du Sart fut élève de Van Ostade, et, s'il n'a pas égalé son maître, il a pourtant acquis une grande célébrité. Ses tableaux plaisent par une vérité extrême et une si parfaite imitation de la nature, qu'il est facile de reconnaître que le peintre l'étudiait souvent ; mais, doué d'une mémoire prodigieuse, c'était ordinairement de souvenir, qu'il plaçait dans un tableau, une figure dont l'originalité l'avait frappé plusieurs mois auparavant, dans une fête de village ou dans toute autre réunion.

Le peintre a représenté ici plusieurs paysans et paysannes à table. Suivant les usages de Hollande, ils boivent et fument ; mais ils ne sont plus silencieux, ce qui doit faire croire que leur gaîté est augmentée par la boisson.

Josué Reynolds, si renommé comme peintre de portraits, avait placé dans son cabinet ce charmant tableau, remarquable par une couleur des plus vraies et un effet des plus piquants. Guillaume Woollett le grava en 1767 pour servir de pendant à *la Chaumière* qu'il avait publiée deux ans auparavant, et que l'on a vue dans cet ouvrage sous le n° 616.

Haut., 1 pied 6 pouces ; larg. 1 pied 2 pouces.

THE JOVIAL PEASANTS.

Cornelius Du Sart was a pupil of Van Ostade, and, if he has not equalled his master, he has nevertheless acquired great celebrity. His pictures please by an extreme fidelity, and so perfect an imitation of nature, that it is easily seen that the painter often studied her. But being gifted with a prodigious memory, it was usually reminiscences which he introduced in his pictures, or figures, the whimsicality of which, had struck him several months before, either in a Village Feast, or some other meeting.

The painter has, in the present picture, represented several peasants, both men and women, who are at a table : according to the custom of Holland, they are drinking and smoking, but they no longer preserve their usual taciturnity, which makes it presumable that the liquor has increased their joviality.

This picture, remarkable for its very faithful colouring, and most striking effect, was in the Collection of Sir Joshua Reynolds, so famous as a portrait painter. William Woollett engraved it, in 1767, to serve as a companion to the Cottage, he had published two years before, and which has been gived in this Collection, n°. 616.

Height 19 inches ; width 15 inches.

621.

NOTICE

SUR

THIÉRY VAN BERGEN.

Thiéry Van Bergen, naquit à Breda vers 1670. On le croit élève de Adrien Vande Velde, et probablement il voyagea en Italie; c'est du moins ce que doit faire penser la manière dont il composa ses paysages, mais on ne connaît aucune des particularités de sa vie, et ses tableaux ne sont pas communs.

Van Bergen mourut à Breda, on ne sait dans quelle année.

Quelques personnes le nomment *Théodore* et non pas *Thiéri*, mais cette différence apparente n'en est réellement pas une. Le nom grec de *Théodore* est devenu *Théodoric*, dans la langue des Goths. En passant du Nord au Midi de l'Europe ce nom variant de finale est devenu *Théodorico* en Italie, et *Théodörigo* en Espagnol. La longueur des noms propres étant incommode, *Théodorigo*, par une élision et un remplacement faciles à comprendre, est devenu *Rodrigo*.

Pendant qu'une des langues du Midi, faisait opérer des variations au nom de *Théodore* et en gardait seulement la terminaison, les peuples septentrionaux faisaient opérer d'autres changemens au même nom : en conservant les initiales, ils rouvaient le nom de *Thiéri* dans celui de *Théodoric*. Puis les Allemands et les Flamands, pour qui la lettre D a la même valeur que la lettre T, y trouvèrent le nom de *Dirc* ou *Dirch*.

Ces observations pourront peut-être trouver des contradicteurs ; mais, avant de se prononcer, qu'ils veulent bien faire attention à la variété continuelle des noms propres, et sans s'appuyer sur celui de *Marguerite*, dont on a fait *Margoton* et *Goton*, n'avons-nous pas le nom *Joannes* devenu *Hans* en allemand, *John* en anglais, *Jean* en français et *Ivan* en russe.

NOTICE

OF

THIÉRY VAN BERGHEN.

Thiéry Van Berghen was born at Breda, about 1670. He is believed to be the pupil of Adrien Vande Velde, and likely he travelled into Italy ; it is at least what one should think after his manner of composing his landscapes, but his pictures are not often to be met with, and nobody is acquainted with the particularities of his life.

Van Berghen died at Breda, in which year, it is unknown.

Some name him *Théodore* and not *Thiéry*, but this seeming difference is really not one, the greek name *Théodore* is become *Théodoric* in the language of the Goths. In going from the north to the south of Europe this name changing in the final is become *Théodorico* in Italy, and *Théodorigo* in Spanish. The length of proper names being wearisome, *Théodorigo* by an elision and a replacing easily to be comprehended is become Rodrigo.

Whils tone of the languages of the south caused this operation in the alterations of the name *Théodore* by keeping only the termination, the northern people altered the same name in another way by keeping to the initial, they found the name of *Thiéri* in that of *Théodoric*. The Germans and the Flemish for whom the letter D is just the same as the letter T found in it the name of *Dirc* or *Dirch*.

These observations may perhaps find opposers, but before they pronounce, let them pay attention to the continual variety of proper names, and without treating on that of *Marguerite* which is now changed into *Margoton* and *Coton* : havewe not the name *Joannes* turned *Hans* in german, *John* in english, *Jean* in french, and *Ivan* in russian.

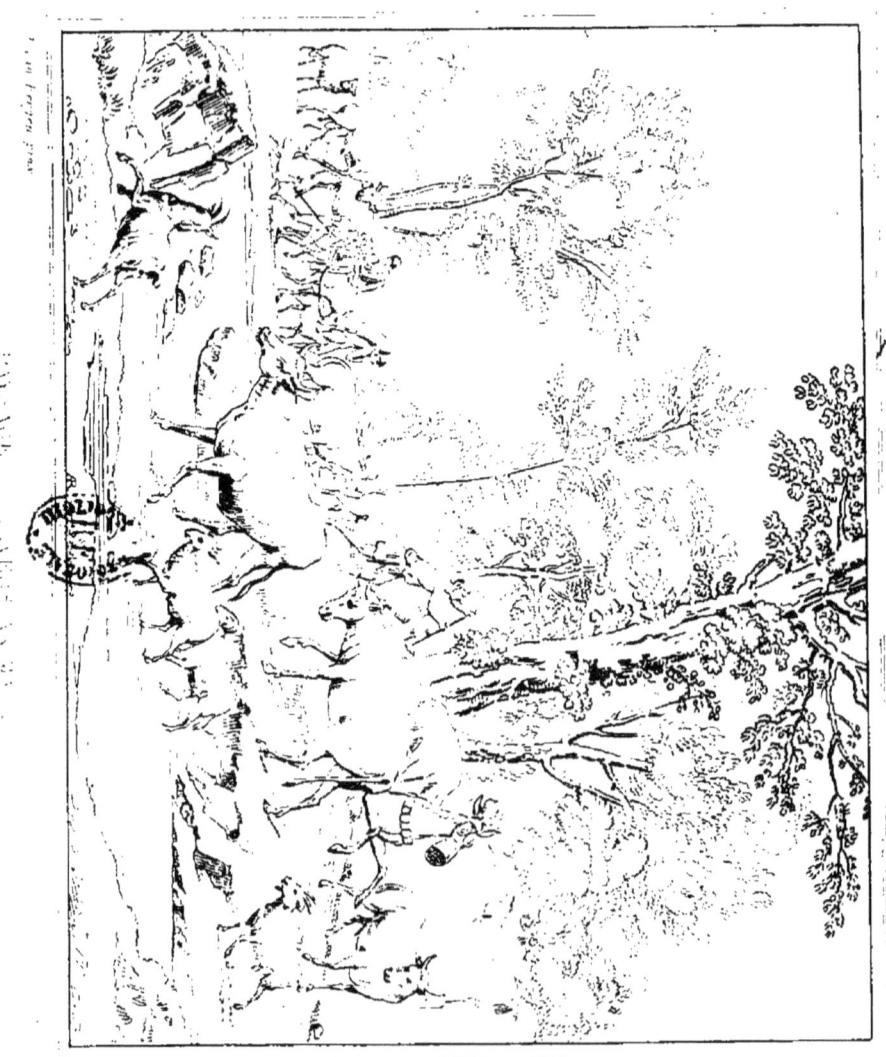

PAYSAGE,

DIVERS ANIMAUX.

Thierry van Bergen fut élève d'Adrien Vande Velde, et il l'imita en partie. Comme son maître, il dessina des animaux avec vérité, il peignit avec soin ses tableaux; mais il est resté bien loin de lui pour la composition.

Le peintre ne paraît pas avoir eu de but déterminé en composant ce tableau; les animaux y marchent dans des sens opposés, sans qu'on en puisse trouver la raison. Au milieu d'eux se trouve un mulet chargé de bagages, et pourtant on ne voit pas qu'il ait de conducteur. Ce mulet paraît fuir avec vitesse et il serait difficile d'en deviner la cause.

Ces fautes n'empêchent pas ce tableau de plaire, à cause de sa fraîcheur et de la finesse avec laquelle il est peint. Il en existe une petite gravure par Bovinet.

Larg., 2 pieds 2 pouces; haut., 1 pied 10 pouces.

627.

➤•◄

A LANDSCAPE WITH CATTLE.

Thierry Van Bergen was a pupil of Adrian Vander Velde, and partly his imitator : like his master he drew animals with truth, and painted carefully; but he remained far behind him as to composition.

In composing this picture the artist seems to have had no determined aim : the cattle wander in opposite directions, without the beholder being able to guess the motive. Among them is a mule loaded with luggage, and yet no driver is visible. The mule appears to flee swiftly although no cause can be assigned for it.

These defects do not prevent the picture from pleasing, because of its freshness and the delicacy with which it is painted. There exists a small engraving of it by Bovinet.

Width 2 feet 3 ¼ inches ; height 2 feet.

NOTICE

SUR

FRANÇOIS-BARTHÉLEMY DOWEN.

François-Barthélemy Dowen naquit à Dusseldorf, vers
1680. Son père Jean-François était peintre, et c'est lui qui
le dirigea d'abord dans la carrière des arts : cependant il
reçut aussi des leçons de Vander Werf, et sa manière, sans
être aussi froide que celle de ce maître, approche un peu de
son fini précieux.

On ne connaît aucun détail sur la vie de Dowen, que
quelques personnes écrivent Douven. Souvent il a été con-
fondu avec son père, qui résida long-temps à Vienne où il
peignit le portrait d'une manière tout-à-fait remarquable.
Il fut même appelé dans plusieurs cours, et eut l'occasion de
faire les portraits de trois empereurs, trois impératrices, cinq
rois et sept reines.

On ignore entièrement le lieu et l'année de la mort du
peintre François-Barthélemy Dowen.

NOTICE

OF

FRANCIS BARTHOLOMEW DOWEN.

Francis Bartholomew Dowen was born at Dusseldorf about 1680. His father John Francis was a painter, and gave his son his introductory lessons in the arts, he however also received instruction from Vander Werf, and his style of painting without possessing the coldness of that of his master, approached his finished touch.

No particulars are known as to the life of Dowen whose name some write Douven. He has been often confounded with his father, who long resided at Vienna, where he painted portraits in a very remarkable manner. He was even admitted to several courts, where he painted the portraits of three Emperors, three Empresses, five Kings and seven Queens.

The place and year of the death of Francis Bartholomew Dowen is altogether unknown.

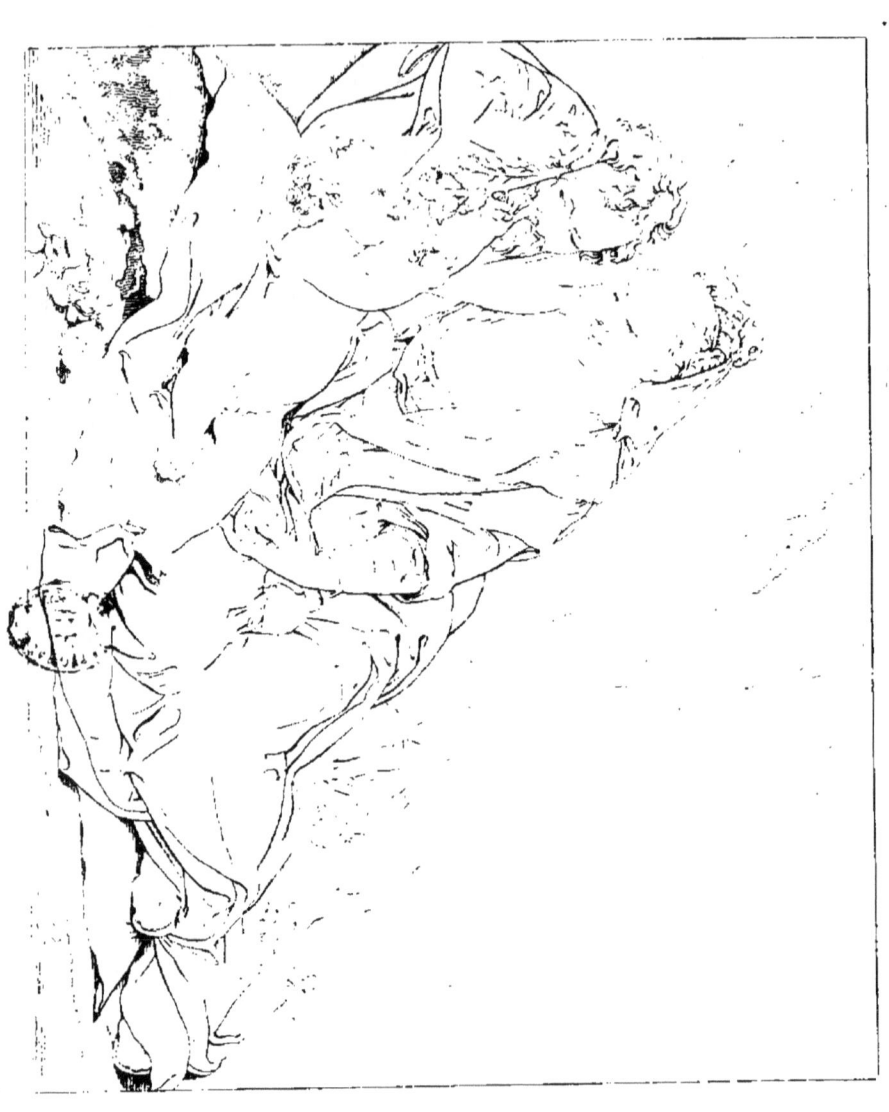

SAINTE FAMILLE,

DITE LA VIERGE AUX CERISES.

Il est facile de voir que la dénomination donnée à cette sainte famille vient du bouquet de cerises que saint Joseph présente à l'enfant Jésus. Ce n'est pas le seul exemple qu'on ait d'un semblable sobriquet passant d'âge en âge, et si répandu, que le nommer autrement c'est presque l'empêcher d'être reconnu.

La figure de la Vierge n'ayant pas l'air de jeunesse qu'on lui donne ordinairement, il est à présumer que c'est un portrait. Le coloris de ce tableau est d'une vérité étonnante, mais il est peint avec moins de finesse que ceux de Vander Werf, maître de Barthélemi Dowen. Le paysage et les accessoires sont également peints avec beaucoup de délicatesse.

Ce tableau fut apporté au Musée de Paris après la bataille d'Iena; il a été rendu au duc de Hesse-Cassel en 1815. Il en existait une répétition dans le cabinet de M. le duc de Choiseul.

Ce tableau a été gravé par M. Fréderic Lignon.

Larg., 1 pied 5 pouces; haut., 1 pied 2 pouces.

THE HOLY FAMILY,

CALLED

THE VIRGIN AND CHERRIES.

It is easy to understand that the denomination given to this Holy family comes from the bunch of cherries which St Joseph is presenting to the Infant Jesus. This is not the sole example, we have, of a similar title passing from age to age, and so extensively spread that to name it otherwise would prevent its being recognised.

The figure of the Virgin not having that youthfulness usually given to her, it is presumable that it is a portrait. The colouring of this picture is astonishingly faithful, but it is painted with less delicacy than those of Vander Werf, the master of Bartholomew Dowen. The landscape and accessories are also painted with great neatness.

This picture was brought to the Paris Museum after the battle of Iena, but, in 1815, it was restored to the duke of Hesse Cassel. There existed a duplicate of it, in the duke de Choiseul's cabinet.

This picture has been engraved by M. Frederic Lignon.

Width, 18 inches; height, 15 inches.

NOTICE

SUR

GUILLAUME-ERNEST DIETRICH.

Guillaume-Ernest Dietrich naquit, en 1711, à Weimar. D'abord élève de son père, lors de son séjour à Dresde il reçut les conseils de J.-A. Thiele, peintre de paysages. Il étudia avec soin les maîtres habiles dont cette riche galerie possède des tableaux, et il sut varier sa manière au point de bien copier pour le roi de Pologne, Frédéric-Auguste II, un tableau d'Ostade et un de Poelembourg.

En 1734, Dietrich fit un voyage en Hollande, et porta alors le nom de Dietricy, sous lequel il est souvent désigné. Revenu l'année suivante à Dresde, il fut fort occupé par la cour et aussi par les étrangers. Il alla en Italie, en 1742, y étudia les grands peintres de Venise et de Rome, mais n'adopta pas le goût de ces écoles; il conserva sa manière, imitant surtout celle de Rembrandt et d'Ostade.

Dietrich devint professeur à l'Académie de Dresde; il fut pendant long-temps directeur de la manufacture de porcelaine de Saxe, établie à Meissen. Il grava aussi environ cent quatre-vingts pièces à l'eau-forte ; la plupart représentent des paysages et des études de figures, quelques-unes sont fort rares et très-recherchées.

Dietrich est mort à Dresde, en 1774.

NOTICE

OF

WILHELM ERNST DIETRICH.

Wilhelm Ernst Dietrich was born at Weimar, in 1711. He was at first the pupil of his father; but subsequently, at Dresden, he received advice from the landscape painter J. A. Thiele. In the rich gallery of that Capital, he studied the works of the ablest masters, and acquired the faculty of varying his manner to such a degree, that he copied, with equal success, for Frederic Augustus II. of Poland, a picture of Ostade's, and another of Poelemburg's.

In 1734, Dietrich made a journey to Holland. At that time he bore the name of Dietricy, by which he is often designated. The following year he returned to Dresden, and was constantly employed by the Court and by foreigners. He visited Italy, in 1742, and studied the great Roman and Venitian masters; yet did not adopt the taste of those schools, but adhered to his own manner, which most nearly resembled that of Rembrandt and Van Ostade.

Dietrich became professor in the Academy of Dresden, and director of the manufactory of Meissen. He etched about a hundred and eighty pieces, mostly landscapes and studies of figures, some of which are rare and much sought after.

Dietrich died at Dresden, in 1774.

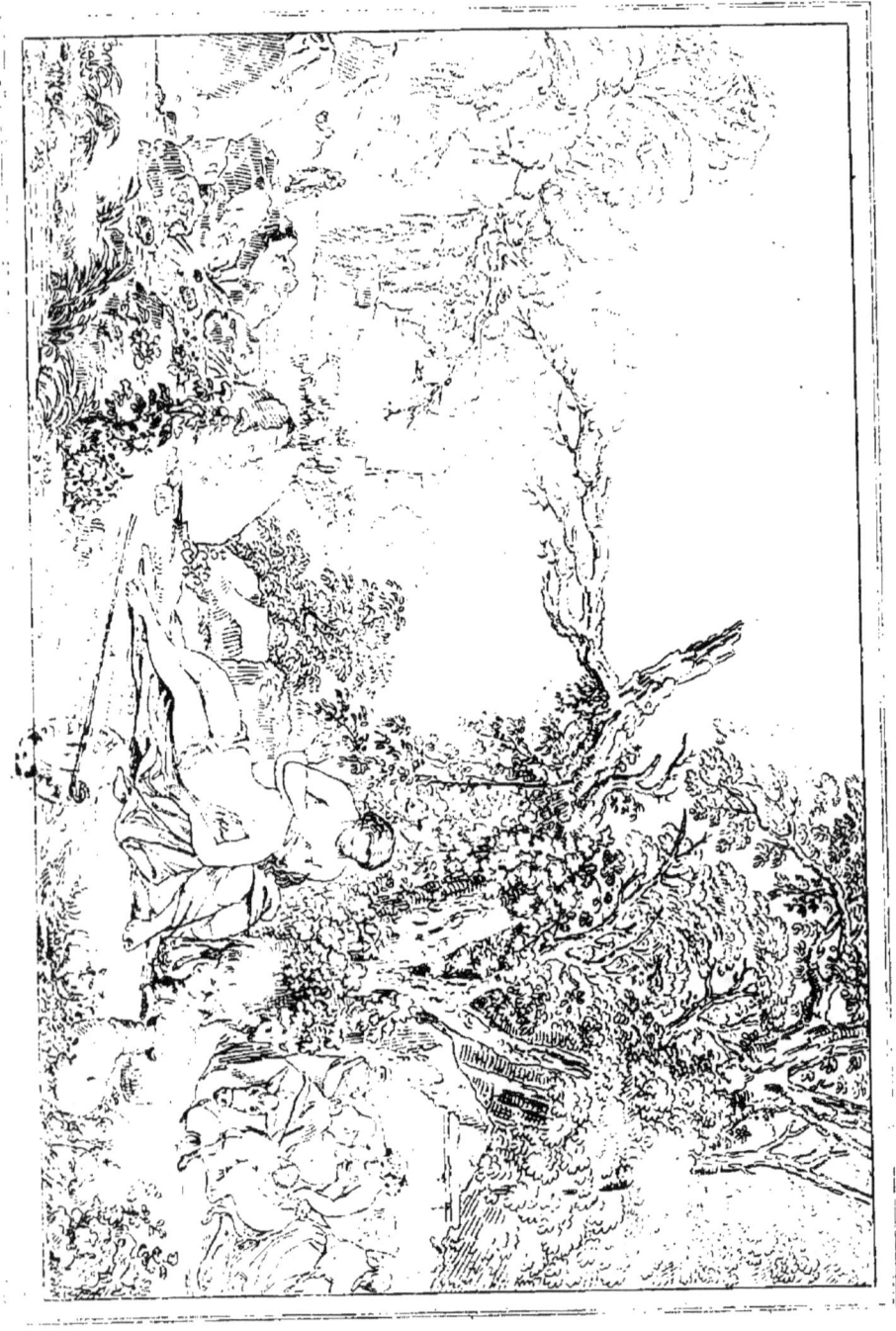

PAYSAGE,

VUE D'ARCADIE.

Il est difficile de croire que Dietrich, en peignant ce paysage, ait eu l'intention de représenter réellement une vue de l'Arcadie ; mais, comme des rochers et des arbres ont du rapport dans tous les pays, il est à présumer que, retrouvant dans ses portefeuilles quelque étude pittoresque faite en Saxe, le peintre aura cru pouvoir se permettre d'y placer un bas-relief antique représentant une marche de Silène ; au milieu il a fait voir une bergère se reposant près de celui qu'elle aime. La nudité des figures, et le bonheur dont elles semblent jouir, ont sans doute rappelé l'âge d'or de l'heureuse Arcadie, et ont ainsi causé la dénomination qu'a reçue ce tableau, qui fait partie de la galerie de Dresde.

On y admire un coloris vrai et vigoureux ; la touche des arbres est savante et pleine de charmes.

Ce tableau a été gravé par Gunther.

Larg., 2 pieds 7 pouces ; haut., 1 pied 11 pouces.

507.

>•<

AN ARCADIAN LANDSCAPE.

It is difficult to believe, that Dietrich really intended, when painting this Landscape, to represent a view in Arcadia. But as rocks and trees appertain to every country, it is presumable, that finding in his portfolio some picturesque study, taken by him in Saxony, he thought it allowable to introduce in it an antique basso-relievo, representing a March of Silenus, whilst, in the middle, he has placed a Shepherdess reclining on her beloved. The nudity of the figures, and the happiness they seem to enjoy, no doubt recal the Golden Age of the fortunate Arcadia, and have thus caused the denomination given to this picture, which forms part of the Dresden Gallery.

A faithful and vigorous colouring is admired in this picture; as to the penciling of the trees, it is masterly and highly pleasing. It has been engraved by Gunther.

Width, 3 feet; height, 2 feet.

NOTICE

ANTOINE-RAPHAEL MENGHS.

Antoine-Raphaël Menghs naquit en 1728 à Aussig en Bohème. Son père, Ismaël Menghs, lui ayant donné au baptême les prénoms que portaient Corrège et Sanzio, il était facile de voir que son plan était de le destiner aux arts.

A peine âgé de 6 ans, le jeune Menghs fut forcé de renoncer à tous les jeux de l'enfance, pour ne s'occuper que du dessin. Son père lui apprit aussi à peindre en pastel, en miniature, en émail et à l'huile. Le jeune Menghs avait 13 ans lorsqu'il quitta Dresde avec son père pour aller à Rome, et là il étudia d'abord l'antique, ensuite Michel-Ange, puis Raphaël. Cette gradation d'étude était bonne sans doute, mais le nombre démesuré de travaux que le père exigeait sans aucun relâche, et les châtimens qu'il infligeait à son fils lorsque son travail n'était pas bien, auraient pu détourner le jeune Menghs, s'il avait eu moins d'ardeur et de goût pour les arts. Le jeune homme était mené au Vatican dès le matin, son père mettait près de lui du pain et de l'eau, puis revenait le chercher le soir, et critiquait durement son travail.

Raphaël Menghs revint à Dresde en 1744 ; ses travaux étonnèrent. Quatre ans après il retourna à Rome, et fit de grandes compositions qui eurent beaucoup de succès. En 1749 il embrassa la religion catholique et épousa une très-belle femme des environs de Rome. Il vint ensuite habiter Dresde ; mais, en quittant Rome, son père lui garda toutes ses économies.

Le roi d'Espagne, Charles III, appela Menghs à Madrid en 1761. Il reçut alors un traitement de vingt mille francs : sa santé s'étant dérangée, il retourna à Rome, où il perdit sa femme, et mourut un an après, en 1779, âgé de 51 ans.

NOTICE

OF

ANTOINE-RAPHAEL MENGHS.

Antoine-Raphaël Menghs was born in 1728 at Aussig in Bohemia. His father Ismaël Menghs having got him christened by the names that Corregio and Sanzio bore, it was easy to see that his plan designed him for the fine arts. Doubtless he hoped to influence his capacity, but the means he used directed to a quite contrary result.

Hardly turned of 6 years, young Menghs was compelled to forsake all childhood play, to be wholly taken up in drawing. His father also taught him to paint in pastel or crayons, in miniature, enamelling and oil-painting.

The young Menghs was 13 years old when he left Dresden with his father to go to Rome, there, he at first studied the antique, then Michel-Ange, afterwards Raphaël. This gradation of study certainly was in itself very good, but the immoderate toil which the father exacted from his son without allowing him a leisure moment, altogether with the punishment inflicted on him when his work was not well done might have quite disgusted young Menghs, had he possessed less ardour and liking for fine arts.

His father carried him every morning to the Vatican, setting before him some bread and water, returning in the evening to fetch him, harshly criticising his work.

Raphaël returned to Dresden in 1744; his works were astonishing, the king of Saxe appointed him the painter of his court. Four years after, Menghs returned to Rome, and then made great compositions which met with a great success. In 1749, he embraced the catholic religion, and married a very handsome woman in the vicinity of Rome. He afterwards came to reside in Dresden with his wife; but on his leaving Rome, his father whose hard severity increased daily, kept his son's savings.

Charles III, king of Spain, in 1761 sent for Menghs to Madrid, where he received twenty thousand franks a year; his health being impaired, he returned to Rome where he lost his wife, and he died a year after, in 1779, aged 51.

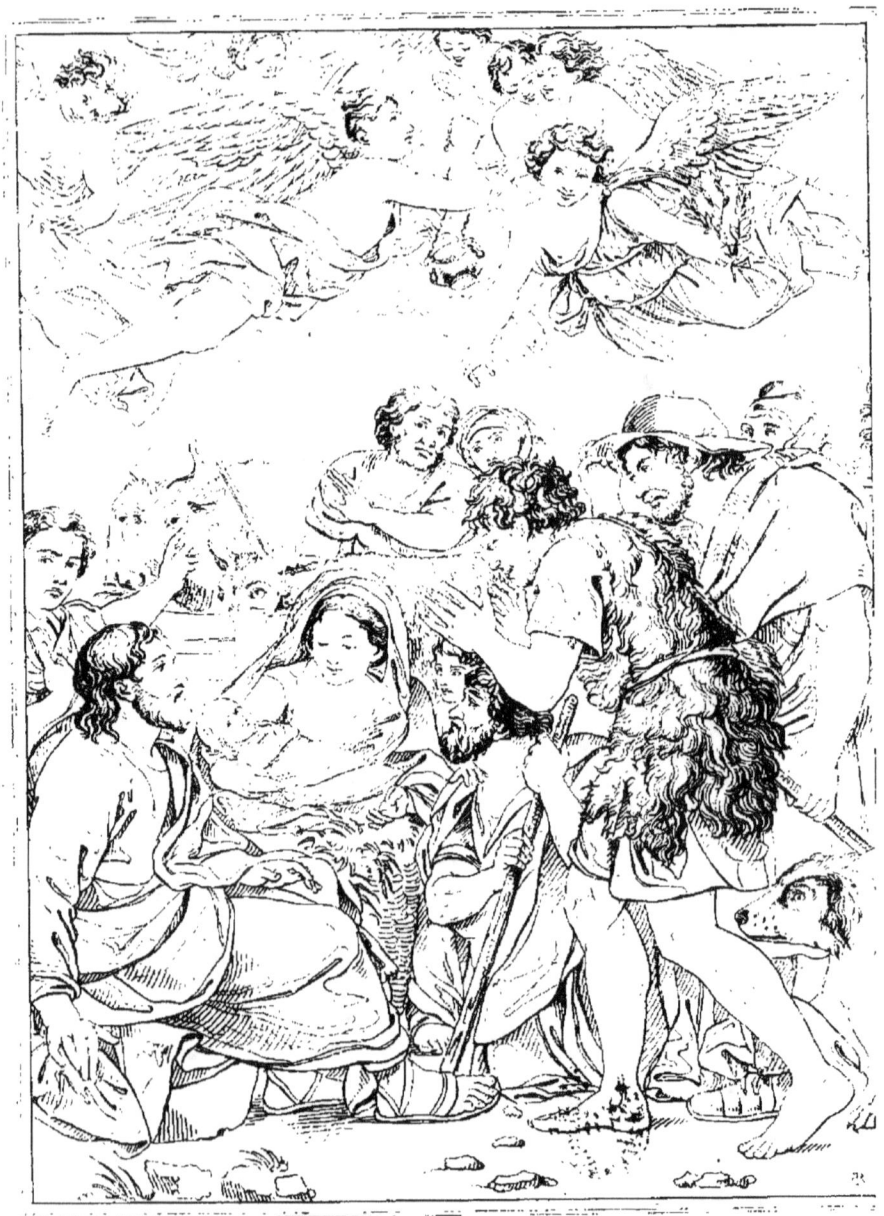

ADORATION DES BERGERS

ADORATION DES BERGERS.

Lorsque Raphaël Menghs composa ce tableau pour le roi d'Espagne, dont il était premier peintre, il avait encore l'imagination frappée du tableau de la galerie de Dresde, où Corrège a peint le même sujet, donné précédemment sous le n°. 571. En les comparant on voit que le peintre moderne n'a point imité l'ancien maître, cependant on ne saurait s'empêcher de penser à l'un en voyant l'autre. C'est surtout dans le clair-obscur et dans le coloris que ces deux ouvrages ont le plus de rapports. L'enfant étant resplendissaut, dans l'une et dans l'autre peinture.

Ce grand et beau tableau est un des meilleurs ouvrages de Menghs, la couleur en est brillante, la touche suave et moelleuse les ombres vigoureuses et transparentes; il est peint sur bois, malheureusement le panneau a beaucoup joué. Après être resté long-temps au palais de Saint-Ildephonse , ce tableau fut ensuite rapporté à Madrid, et se voit maintenant dans le Musée de cette ville. Le peintre est représenté sous les traits du spectateur à gauche, derrière saint Joseph. Raphaël Morghen a fait une très-belle gravure d'après ce tableau

Haut., 10 pieds; larg., 7 pieds.

928.

ADORATION OF THE SHEPHERDS.

When Raphael Menghs painted this picture for the king of Spain, to whom he was principal painter, his imagination was still filled with the idea of the picture painted by Corregio, on the same subject, which is in the gallery of Dresden, and before noticed under number 571. On comparing them, we see that the modern artist has not by any means imitated the ancient master, notwitstanding which, in seeing the one, we cannot avoid thinking of the other; it is particularly in the obscure light and in the colouring, that these two works have most resemblance, the infant represented in both is highly resplendant.

This large and fine picture is one of the best performances of Menghs, the colour of it is brilliant, the touch sweet, and rich, the shadows vigourous and transparent, but unfortunately being painted on wood, the pannel is very much warped.

After remaining a long time at the palace of Saint Ildephonse, this picture was sent to Madrid, and is now to be seen in the Museum of that city.

The painter appears in the piece as the spectator on the left, behind Saint Joseph. Raphael Morghen has made a very fine engraving from this picture.

Height 10 feet 7 inches; breadth 7 feet 5 inches.

928.

NOTICE

SUR

ANGÉLIQUE KAUFFMANN.

Marie-Anne-Angélique-Catherine Kauffmann naquit à Coire en 1742 ; son père, Jean-Joseph Kauffmann, peintre de portraits, lui apprit la musique et la peinture, et c'est le premier de ces deux arts dans lequel elle eut d'abord le plus de succès. Cependant elle n'avait que onze ans lorsqu'elle fit le portrait de Nevroni, évêque de Come.

A vingt ans, Angélique Kauffmann abandonna la musique et se rendit à Naples ; elle vint l'année suivante à Rome, où elle eut l'occasion de faire le portrait de Winkelmann.

Ayant un esprit agréable, chantant avec goût, parlant également bien l'allemand, le français, l'italien et l'anglais, beaucoup de voyageurs s'adressèrent à elle pour avoir leur portrait. Sa réputation la précéda en Angleterre où elle alla en 1765 ; son talent y fut généralement goûté, et, en 1769, elle fut admise à l'Académie de Londres ; elle jouit alors de toute la considération que méritaient ses talens. On a fait plus de 600 gravures d'après ses compositions.

Entraînée par son cœur et peut-être par un peu de vanité, Angélique Kauffmann consentit à épouser un homme qui se donnait le titre de comte de Hern, et n'était qu'un aventurier. Ce mariage ne fut pas heureux, et une séparation absolue la laissa long-temps dans la mélancolie. Cependant, en 1781, elle épousa le peintre Antoine Zucchi, et retourna à Rome immédiatement après son mariage.

Angélique Kauffmann, a gravé plusieurs pièces à l'eau-forte. Elle devint veuve pour la seconde fois en 1795 ; perdit aussi sa fortune et mourut en 1807, âgée de 65 ans.

NOTICE

OF

ANGELICA KAUFFMANN.

Maria Anna Angelica Catherina Kauffmann, was born at Coire in 1742; her father, who was a portrait painter, taught her music, and painting, and it was in the former of these arts that she first met with success. She was however but twelve years old, when she painted the portrait of Nevroni, bishop of Come.

At the age of 20, Angelica Kauffann gave up music, and went to Naples; she came the following year to Rome, where she had the opportunity of taking the portrait of Winkelmann. Possessing an agreeable disposition, singing with taste, speaking equally well German, French, Italian, and English, several travellers addressed themselves to her for their portrait. Her reputation preceded her to England, where she went in 1765, her talent was generally admired, and in 1769 she was admitted member of the Royal Academy, enjoying all the respect which her talents deserved. More than boo engravings have been made from her compositions.

Led away by affection, and perhaps a little by vanity, Angelica Kauffmann consented to marry a man who styled himself Comte de Hern, but who was only an adventurer. This marriage was unhappy, and an entire separation reduced her for a long time to a melancholy state; she however married the painter Antoine Zucchi, and returned to Rome immediately after her marriage.

Angelica Kauffman etched several pieces, became a widow a second time in 1795; she both lost her fortune, and died in 1807, at the age of 65.

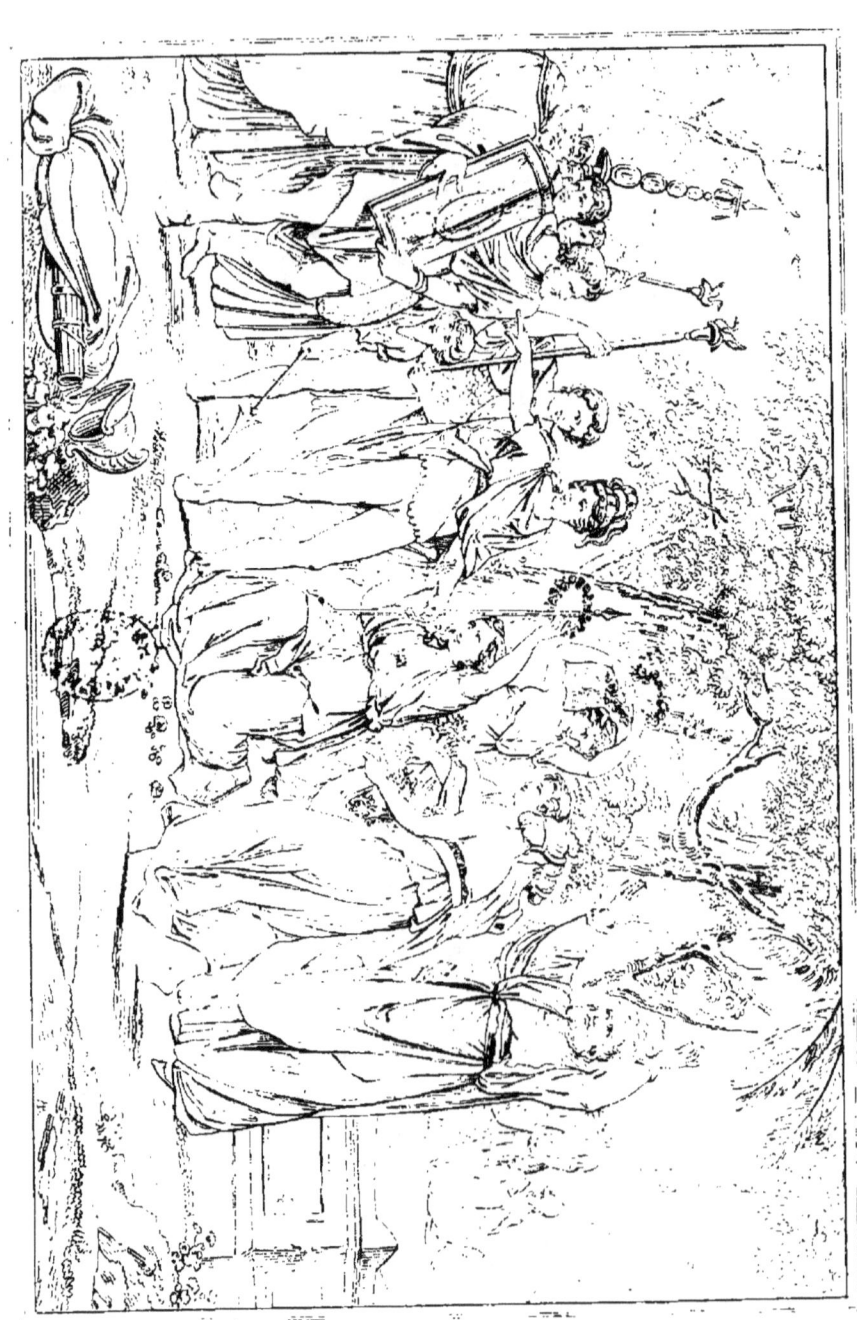

HERMAN ET THUSNELDA.

Ce n'est pas dans Tacite, mais dans un drame du poëte Klopstock, qu'Angélique Kaufmann a puisé son sujet d'Herman, plus généralement connu sous le nom d'Arminius.

Les formidables légions romaines ayant été anéanties dans la bataille sanglante qui rendit la liberté à la Germanie, en détruisant les légions de Varus, Hermann revint sacrifier sur les autels de ses pères. Ses compagnons présentent les fruits de leur victoire, le bouclier de Varus, deux aigles et une autre enseigne romaine. Thusnelda rend grâce à Dieu, puis s'adressant au héros qu'elle aime, elle lui dit : « Libérateur de la patrie, reçois de Thusnelda la couronne de feuillage sacré. » En même temps ses compagnes répandent des fleurs autour de lui, et un barde, élevant les bras vers Wodan, lui témoigne la reconnaissance du peuple.

Ce tableau est un des plus beaux ouvrages d'Angélique Kaufmann ; la composition en est riche et remplie de mouvement ; les figures ont des poses gracieuses. Le coloris et le clair-obscur sont supérieurs à ceux des autres tableaux de cette artiste, mais les caractères de têtes sont trop efféminés et l'âpreté des anciens Germains est trop adoucie.

Ce tableau fait partie de la galerie du Belvéder à Vienne. Il a été gravé au pointillé par J.-B. Durner, et par C. Kotterba, pour la Galerie Impériale publiée par Charles Lucas.

Larg., 6 pieds 10 pouces; haut., 5 pieds.

712.

HERMANN AND THUSNELDA.

It is not from Tacitus, but from a Drama, by the poet Klop-stock, that Angelica Kaufmann has taken her subject of Hermann, more generally known under the name of Arminius.

The formidable Roman armies being annihilated in the bloody battle which restored liberty to Germany; after the destruction of the legions of Varus, Hermann returned to sacrifice on the altars of his forefathers. His companions present the fruit of their victory, the Shield of Varus, two Eagles and another Roman Ensign. Thusnelda returns thanks to God : then addressing her beloved hero, she says to him : « Deliverer of thy country receive from Thusnelda the garland of sacred leaves. » At the same time her companions strew flowers around him, and a Bard, raising his hands to Woden, testifies to him the people's gratitude.

This picture is one of Angelica Kaufmann's finest works : its composition is rich and full of life; the attitudes are graceful. The colouring and the light and shade are superior to those of this female artist's other pictures; but the style of the heads in too effeminate, and the harshness of the ancient Germans too much softened.

This picture forms part of the Belvedere Gallery at Vienna. It is has been engraved in chalk by J. B. Durer, and by G. Kotterba for the Imperial Gallery published by Charles Lucas.

Width 7 feet 3 inches; height 5 feet 4 inches.

712·

NOTICE

SUR

FRÉDÉRIC-HENRI FUGER.

François-Henri Fuger naquit Heilbronn en 1751 ; son père était menuisier, mais voyant les dispositions qu'il manifestait pour les arts il le laissa libre de suivre cette carrière. Un de ses parens l'ayant emmené à Stuttgard, il étudia pendant une année sous la direction de Guibal. Mais sa timidité, le manque de confiance en lui, et la crainte de ne pouvoir jamais égaler les grands artistes, changèrent pour lors sa résolution, et, malgré les encouragemens de son maître, il retourna à Heilbronn, puis à Halle pour étudier le droit. Son ami Klotz parvint alors à le faire changer de résolution, et il reprit l'étude de la peinture, d'abord sous la direction de Segner, ensuite, à Leipsig sous celle d'Oeser ; puis enfin il vint à Dresde où il trouva dans la galerie les meilleurs modèles à suivre.

Lorsque Fuger vint à Vienne en 1774, le conseiller Birkenstock obtint de Marie-Thérèse une pension, afin qu'il pût aller à Rome, où il resta sept ans. En 1782, Fuger alla à Naples où il travailla pendant deux ans pour le comte de Lamberg, ambassadeur d'Autriche, puis retourna à Vienne où il fut nommé vice-directeur de l'Académie, en 1784.

En 1806, il fut nommé directeur de la galerie du Belvédère, et mourut en 1818 âgé de 67 ans.

NOTICE

OF

FREDERIC HENRI FUGER.

Francis Henry Fuger, was born at Heilbron in 1751, his father was a carpenter, but observing the disposition which he manifested for the arts, he left him at liberty to follow that career. One of his relations having conducted him to Stuttgard, he studied for a year under the direction of Guibal, but his timidity, the want of confidence in himself, and the fear of not being able to equal the celebrated artists, changed at that time his determination, and notwithstanding the encouragement of his master, he returned to Heilbron, afterwards to Halle, to study law.

His friend Klotz, then prevailed upon him to change his resolution, and he recommenced the study of painting, at first under the direction of Segner, afterwards at Leipsick under that of Oeser; he at length came to Dresden, where he found in the gallery of that City, the best models to follow.

When Fuger came to Vienna in 1774, the Counseller Birkenstoek, obtained a pension for him of Maria Theresa, that he might be enabled to go to Rome, in which place he remained 7 years. In 1782 Fuger went to Naples, where he was employed two years for Count Vamberg, the Austrian ambassador, he then returned to Vienna, where he was nominated vice director of the Academy in 1784.

In 1806 he was appointed director of the Belvedere Gallery, and died in 1818 at the age of 67.

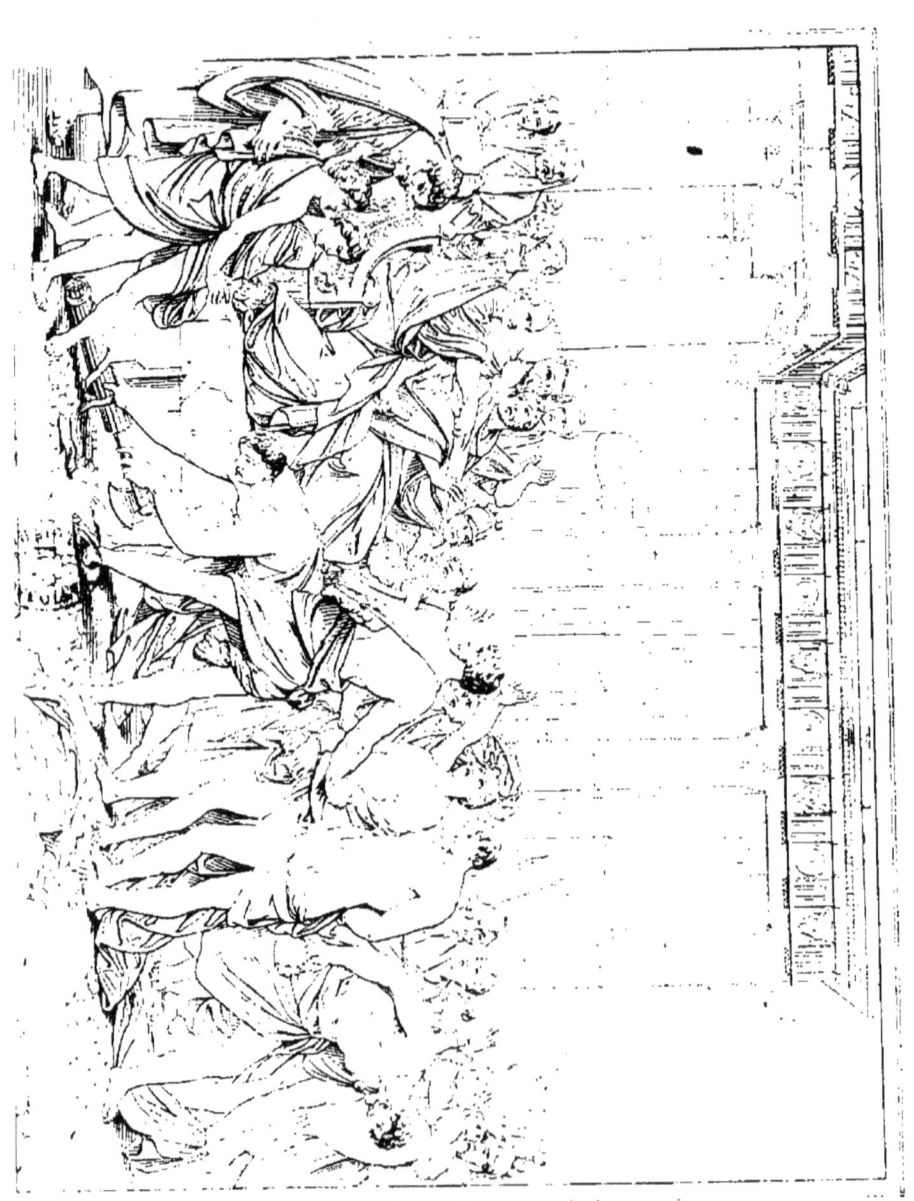

BRUTUS CONDAMNANT SES FILS.

Tandis que David tenait en France le sceptre de la peinture, West en Angleterre et Fuger à Vienne cherchèrent à marcher sur ses traces, sans toutefois parvenir à l'atteindre. David avait donné son tableau de Brutus, livré à la douleur après l'exécution de ses fils. Plus hardi encore, M. Lethière osa depuis faire voir le moment même de l'exécution. Fuger, en s'emparant du même sujet, représenta l'instant où Brutus prononce le jugement.

Dans le premier tableau, David sut donner à son Brutus une telle expression, que cette figure seule rappelle la cruelle position d'un père forçant son cœur à céder au devoir du magistrat.

Fuger, en faisant un tableau de petite dimension, a voulu cependant faire voir tous les personnages qui prennent part à la scène ; il s'est moins occupé de Brutus que des deux malheureux condamnés qu'il a représentés presque nus, brillans de jeunesse et de beauté, mais rien ne peut ébranler l'inflexibilité du consul.

M. Lethière, ainsi qu'on peut le voir dans son tableau n°. 659, a représenté aussi le sénat et le peuple sollicitant l'inexorable consul ; la foule est plus considérable, mais il n'y a pas de cohue, on sent l'immensité du Forum, et l'ordonnance des groupes est digne des plus grands éloges.

Le tableau de Fuger fut peint en 1800, pour M. le comte de Fries ; il est maintenant dans la galerie du Belvédère à Vienne ; il a été gravé en mezzo-tinte par Pichler en 1804.

Larg., 2 pieds 10 pouces ; haut., 2 pieds 2 pouces.

695.

BRUTUS CONDEMNING HIS SONS.

Whilst David swayed the sceptre of painting in France, West in England, and Fuger in Vienna sought to follow his steps, without however their being able to reach him. David had given his picture of Brutus, a prey to grief after the execution of his sons. Still bolder, Lethiere dared give the very moment of the execution. Fuger, taking the same subject, represented the moment when Brutus pronounces judgment.

In the first picture, David imparted to his Brutus, such an expression that this figure alone recals the cruel situation of a father forcing his heart to yield to the duty of a judge.

Fuger, however, in painting a small sized picture, has represented all the personages taking part in the scene : he has given his attention less to Brutus than to the two unfortunate victims, whom he delineates almost naked, beaming with youth and manly beauty, but nothing can shake the consul's resolution.

Lethiere, as may have been observed in his picture, n°. 659, has also represented the senate and people imploring the inexorable consul; the assembly is more numerous but it is not crowded : the immense space of the Forum is discerned, and the arrangement of the groups deserves the highest praise.

Fuger's picture was painted in 1800, for the Count de Fries it is now in the Belvedere Gallery at Vienna, and has been engraved, in mezzo-tinto, by Pichler, in 1804.

Width, 3 feet; height, 2 feet 3 ¼ inches.

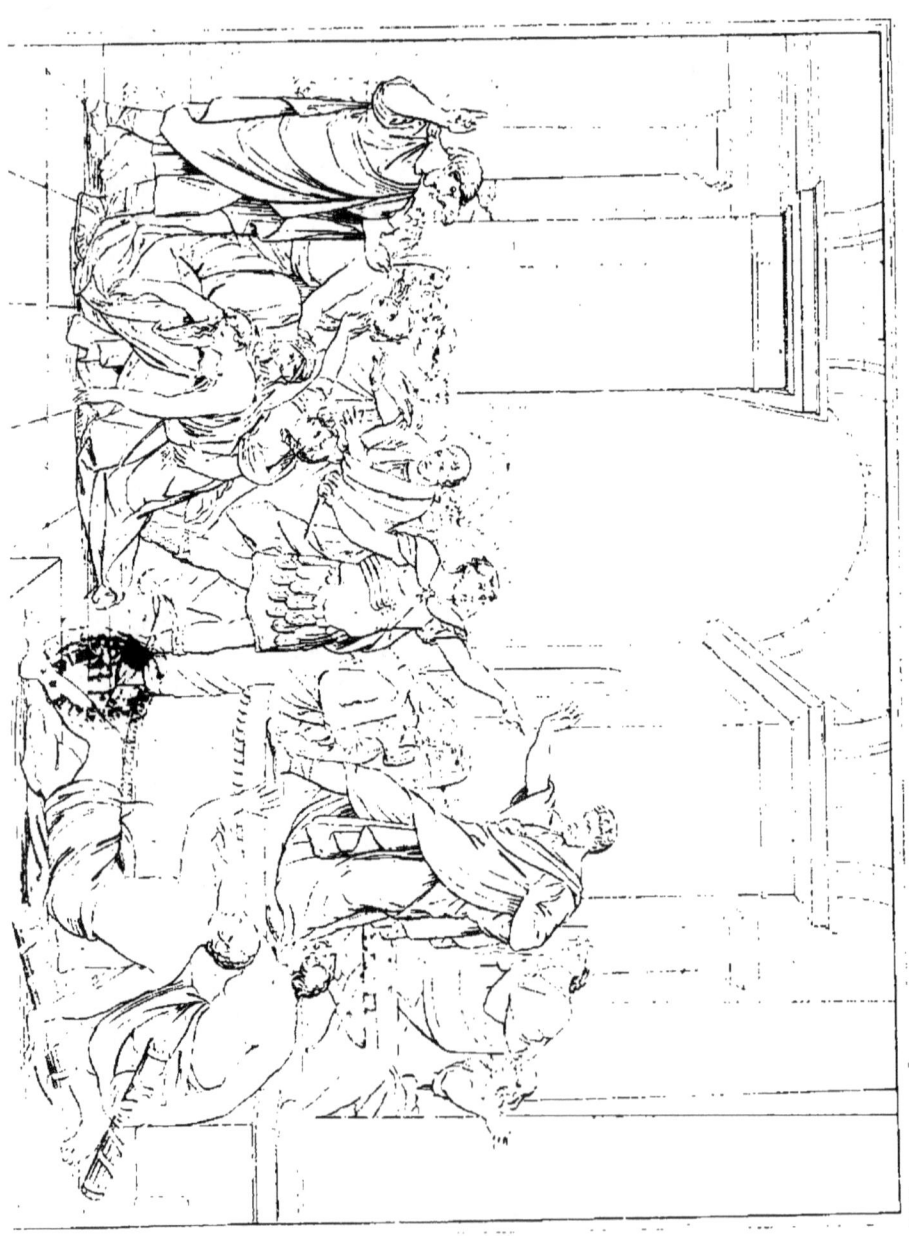

VIRGINIE.

Les Romains, ayant déféré l'autorité de les gouverner et de faire les lois à dix magistrats, élus pour une année, et auxquels on donnait le nom de *Décemvirs*, Appius Claudius Crassinus, le premier d'entre eux, s'empara de toute l'autorité; il voulut même en abuser pour satisfaire la passion qu'il avait conçue pour Virginie, jeune plébéienne aussi vertueuse que belle.

N'ayant pu la séduire, il crut pouvoir la faire enlever par Claudius, l'un de ses confidens, qui la prétendit fille d'une de ses esclaves. Appius rendit un arrêt dans ce sens, et Virginius, ne voyant plus aucun moyen de soustraire sa fille à l'infamie, s'approcha d'elle, saisit un couteau, et le lui plongea dans le cœur ; puis, se tournant vers le tribunal, il s'écria : « Par ce sang innocent, je dévoue ta tête, Appius, à nos dieux infernaux. » Aussitôt il s'ouvre un passage au milieu de la foule, et parvient à gagner les portes.

Numitorius, oncle de Virginie, et Icilius, son fiancé, viennent relever la victime, tombée entre les bras de sa nourrice; telle est la scène représentée par Fuger, habile peintre de Vienne. La composition en est noble et sans confusion.

Ce tableau fait partie du cabinet du comte de Frieze à Vienne; il a été gravé en mezzo-tinte par Pichler.

Larg., 2 pieds 6 pouces; haut., 2 pieds.

VIRGINIA.

The Romans having invested the right of governing and making laws, into the hands of ten magistrates, elected annually, and to whom was given the name of *Decemviri;* Appius Claudius Crassinus, the first among them took possession of the whole authority; he even endeavoured to make an abuse of it to satisfy the passion he had conceived for Virginia, a young plebeian maiden, who was as virtuous as she was beautiful.

Not succeeding in his efforts to seduce her, he sought to have her taken off by Claudius, one of his confidents, who pretended that the was the daughter of one of his female slaves. Appius pronounced judgment in his favour; when Virginius, seeing no means to protect his daughter from infamy, approached her, seized a knife and plunged it in her heart; then turning towards the tribunal, he exclaimed : « By this » innocent blood, Appius, I devote thy head to the infernal » gods. » He immediately opened his way through the crowd, and got to the city gates.

Numitorius, Virginia's uncle, and Icilius her bethrothed, came forwards and raised the victim, who had fallen in her nurse's arms. Such is the scene represented by Fuger, a skilful painter of Vienna. The composition is grand and offers no confusion.

This picture forms part of the collection of Count de Friezes, at Vienna; it has been engraved in mezz-tinto by Pichler.

Width, 2 feet 8 inches; height, 2 feet 2 inches.

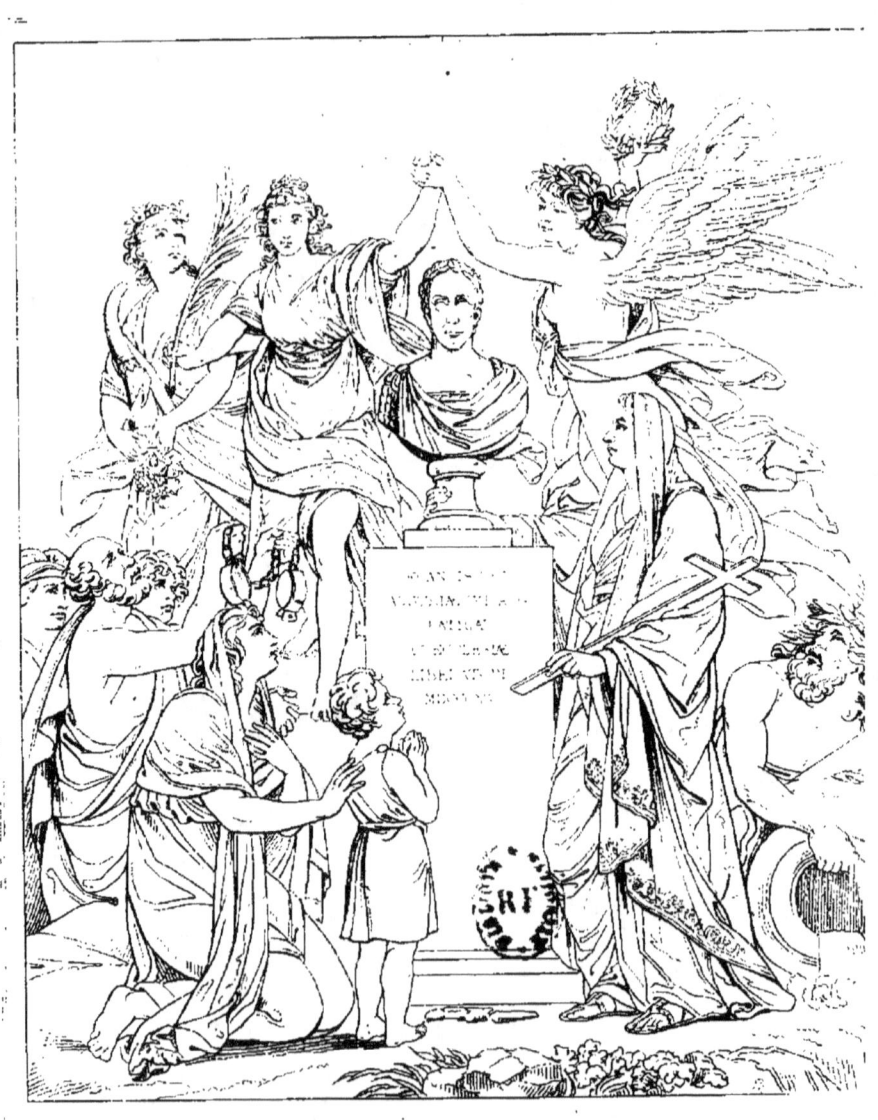

HOMMAGE À L'EMPEREUR JEAN...

ALLÉGORIE

A LA GLOIRE DE L'EMPEREUR FRANÇOIS I.

La paix se trouvant rétablie en Europe après le traité de 1815, et l'Allemagne étant par là délivrée du joug sous lequel elle avait été long-temps asservie, le gouvernement autrichien chargea Fuger, directeur de la Galerie de Vienne, de pérpétuer ce souvenir. Le peintre voulut faire voir la reconnaissance des peuples habitant les bords du Danube pour le souverain qui venait de briser leurs chaînes, et les rendait à la liberté. La Religion soutient le buste de l'empereur placé sur un cippe, la Paix et la Victoire le couronnent, et l'Abondance qu'elles ramènent va répandre ses bienfaits sur un pays qui depuis tant d'années avait connu tous les fléaux de la guerre.

Ce tableau fut le dernier ouvrage de Frédéric-Henri Fuger, qui mourut en 1818. Il a été gravé en mezzotinte par V. G. Kininger en 1821, sous le titre de *la Liberté rendue à l'Allemagne.*

Haut., 10 pieds? larg., 8 pieds?

AN ALLEGORY

TO THE GLORY OF THE EMPEROR FRANCIS I.

Peace being restored to Europe, after the treaty of 1815, and Germany, by that means, delivered from the yoke, to which she had been so long subjected; the Austrian government, ordered Fuger, the director of the Vienna gallery, to perpetuate the remembrance of this event. The painter wished to shew the gratitude of the people, inhabiting the banks of the Danube, towards the sovereign, who had freed them from their chains, and restored them to liberty. Religion supports the Emperor's bust, placed on a cippus; Peace and Victory are crowning it, and Plenty, which they have brought back, is spreading her benefactions over a country, that, for so many years, had been the scene of war.

This picture was the last painted by Frederic Henry Fuger, who died in 1818. It was, in 1821, engraved in mezzotinto by V. G. Kininger, under the title of *Liberty restored to Germany.*

Height, 10 feet 7 ½ inches; width, 8 feet 6 inches.

NOTICE

SUR

F.-G. WEITSCH.

F.-G. Weitsch naquit à Brunswick en 1758. Son père,
directeur de la galerie du duc régnant, résidait à Salstbalen,
et était un habile peintre de paysages. Élevé dans la maison
paternelle, le jeune Weitsch montra d'abord beaucoup de goût
pour peindre des animaux.

A l'âge de 16 ans, Weitsch partit pour Cassel, où il étudia les beaux ouvrages qui existaient alors dans cette galerie, et suivit les conseils qu'il reçut de Tischbein. Il alla
ensuite à Dusseldorf, où il trouva des chefs-d'œuvre dont il
profita, en les étudiant soigneusement.

Weitsch était accompagné de son père lorsqu'il fit le voyage
de Hollande ; après quelque séjour dans ce pays, il voulut
enfin connaître la vraie patrie des arts, le lieu où ils ont
eu tant de développement ; il alla en Italie. Notre artiste était
âgé de 21 ans lorsqu'il y arriva ; il y resta plusieurs années alternativement occupé de peinture et de musique, visitant
Naples, Florence et Venise. Il passa ensuite à Vienne, où il
fit quelques portraits ; revint voir sa patrie, puis alla enfin
résider à Berlin, où il fut appelé pour être professeur à
l'académie. Il y mourut vers 1828.

NOTICE

OF

F.-G. WEITSCH.

F.-G. Weitsch was born at Brunswick in 1758. His fa ther, a director of the gallery of this prince, resided at Salsthalen, and was a clever painter of landscapes. Being brought up in the paternal house, he first displayed a great fancy for painting animals.

When sixteen years old, Weitsch departed for Cassel, where he practised the fine works which then existed in that gallery, and followed the advice of Tischbein. He went afterwards to Dusseldorf, where he met with master-pieces which he benefited by carefully studying them.

Weitsch was accompanied by his father when he travelled to Holland; after staying there some time, he would absolutely get acquainted with the true country of arts, and the place wherein they were carried to such an extension, he went into Italy. This artist was but 21 when he arrived there; he staid there several years being alternately busy about painting, music, visiting Naples, Florence and Venice. After that, he went to Vienna, where he made some portraits; he returned to pay a visit to his country, and at last went to reside at Berlin where he was appointed a professor at the academy; he died in that city about 1828.

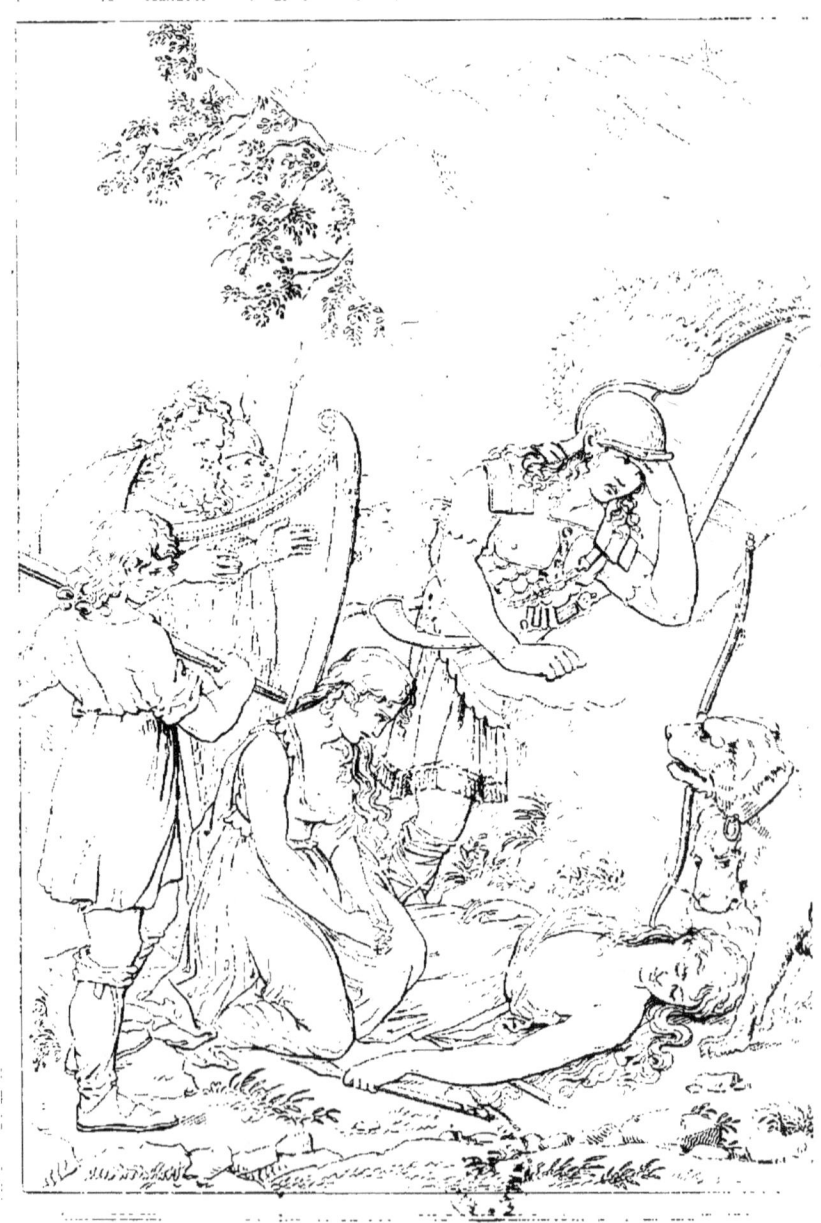

MORT DE COMALA

MORT DE COMALA.

La harpe que tient un vieillard, et la grande aile dont est orné le casque du guerrier, indiquent facilement un sujet écossais; mais les poésies d'Ossian ne sont pas assez familières pour reconnaître le sujet qu'a traité ici M. F. G. Weitsch, professeur de l'académie de Berlin et peintre du roi de Prusse.

Fingal, prêt à épouser Comala, fut obligé de marcher contre les Romains, dont les troupes affligeaient la Calédonie. Ayant remporté la victoire, il s'empressa d'envoyer près de Comala pour lui annoncer son retour. Mais il chargea de cette mission Hidallan, son rival, qui, dans l'espoir d'obtenir la main de celle qu'il aimait en secret, lui annonça au contraire la mort du héros qu'elle chérissait. Comala se livrait au désespoir, lorsqu'elle vit arriver le victorieux Fingal. Passant subitement de l'excès de la douleur à une joie inespérée, elle expira sur-le-champ. Mélicoma, en pleurs, doute encore de la perte de sa compagne; Fingal est abîmé dans la douleur, et un vieux barde chante sur sa harpe l'hymne de la mort. Cette scène mélancolique est éclairée par le flambeau que porte le jeune serviteur qui est à gauche, et la lune répand sa lumière argentine sur le fond du tableau, où l'on voit des guerriers « qui s'avancent et brillent dans le vallon comme les ondes amoncelées d'un fleuve. » Peut-être pourrait-on reprocher au peintre de n'avoir pas mis assez de noblesse dans la pose de la main de Fingal; mais cette légère imperfection n'empêche pas le tableau d'être admirable; il offre surtout les plus beaux effets de lumière, traités avec beaucoup d'habileté.

Ce tableau est placé dans le palais de Berlin.

Haut., 8 pieds; larg., 6 pieds.

DEATH OF COMALA.

The harp held by an old man, and the large bird's wing that adorns the warrior's helmet easily indicate a Scotch subject; but Ossian's poems are not generally known enough to recognize the subject treated here by M. F. G. Weitsch, Professor of the Berlin Academy, and Painter to the King of Prussia.

Fingal, being on the point of wedding Comala, was obliged to march against the Romans, whose troops desolated Caledonia. Being victorious, he hastened to send to Comala to announce his return. But he gave this commission to Hidallan, his rival, who, hoping to gain the hand of her whom he secretly loved, on the contrary, announced the death of the hero whom she cherished. Comala was giving herself up to despair, when she saw arrive the victorious Fingal. The sudden transition from excessive grief to unhoped for joy, caused her immediate death. Melicoma bathed in tears, still doubts her loss; Fingal is overwhelmed with grief, and an old Bard is singing to his harp the song of death.

This melancholy scene is illumined by the torch borne by a young attendant who is on the left, and the moon sheds her silvery beams on the back-ground of the picture, where warriors are seen, who approach, and shine in the valley like the rising waves of a river. Perhaps the painter might be reproached with not having put sufficient grandeur in the action of Fingal's hand; but this slight imperfection does not prevent the picture being admirable : it particularly offers the finest effects of light managed with much skill.

This picture is in the Berlin Palace.

Height, 8 feet 6 inches; width, 6 feet 4 inches.

447.

NOTICE

SCHEFFER.

Toutes les circonstances de la vie de cet artiste nous sont inconnues; nous savons seulement que, fort aimé du comte de Wargemont, émigré français, il reçut de lui une constante protection, au moyen de laquelle il fut bien accueilli dans diverses maisons de Vienne, et particulièrement chez la princesse Jean de Liechienstein.

Scheffer est un des premiers artistes allemands qui ait cherché à ramener l'art au produit de son enfance, croyant qu'il est mieux d'imiter les tableaux que Raphaël faisait dans sa jeunesse, que ceux qui plus tard lui ont attiré une si grande gloire. Ceux qui se laissent entraîner dans cette fausse route ne s'aperçoivent pas qu'ils donnent la préférence aux défauts d'un maître, peut-être bien parce qu'ils n'ont pas en eux les moyens de sentir ses qualités.

Scheffer, après avoir mis beaucoup d'activité dans ses études et dans ses travaux, est mort jeune à Vienne, vers 1820.

NOTICE

SCHEFFER.

We are unacquainted with all the circumstances of the life of this artist; it is only known that he was much beloved by count Wargemont, a french emigrant, who favored him with a constant protection, by which means he was welcomed in several houses at Vienna, and particularly at the princess Jean de Liechtensten.

Scheffer is one of the first german artists who has attempted to bring back the arts to the product of his childhood, thinking it much better to imitate the pictures that Raphael painted in his youth, rather than those of a riper age which acquired him such a high glory. They who suffer themselves to be led away into this false road do not perceive they prefer the defects of a master, perhaps because they are not able to judge its qualities.

Scheffer, after having been very steady to his study and works, died at an early age at Vienna, about 1826.

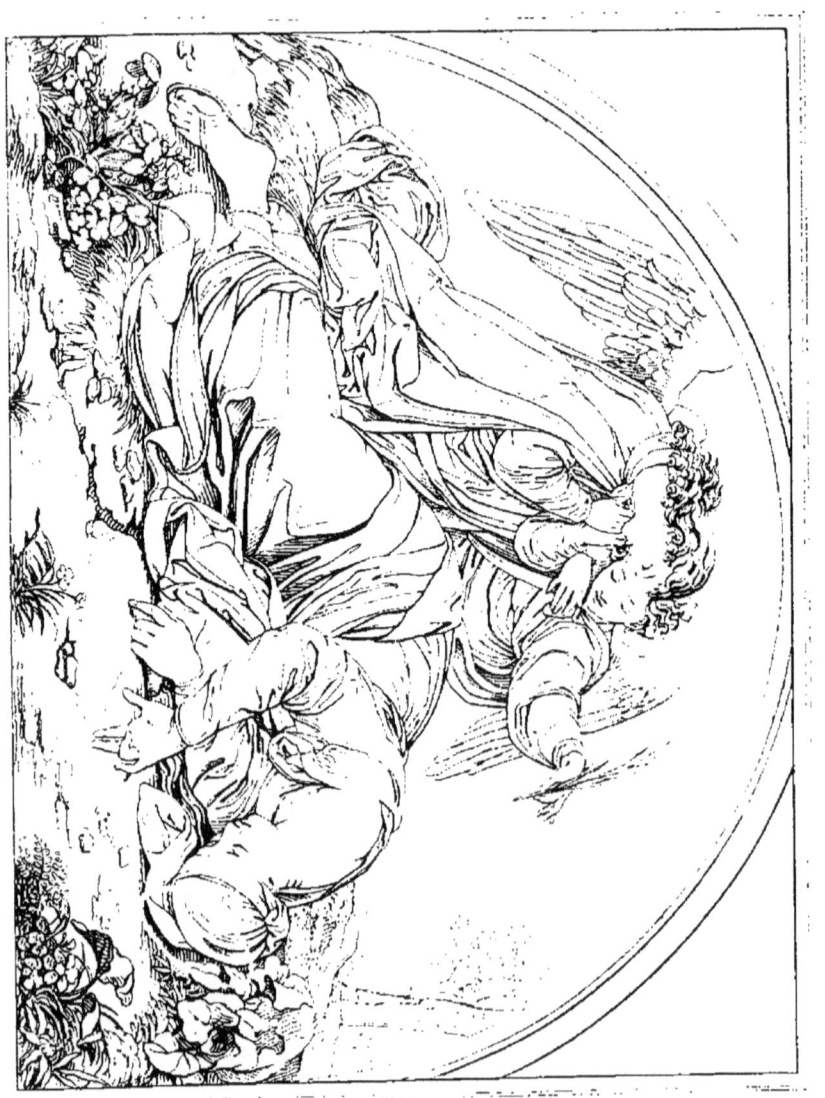

SAINTE CÉCILE.

En publiant précédemment des tableaux de sainte Cécile, par Mignard, Raphaël et Jules Romain, sous les n°ˢ. 10, 31 et 290, nous avons eu occasion de rappeler que l'histoire de cette sainte présente plusieurs faits incertains. Cependant on est dans l'usage de croire que, martyrisée à Rome, l'exécuteur s'y reprit à trois fois sans pouvoir lui couper la tête. L'ayant abandonnée, la sainte mourut de faiblesse trois jours après.

Cet ouvrage est le dernier qu'exécuta le peintre Jean Scheffer de Leonhartshof. On doit savoir gré à cet artiste d'avoir su joindre la grâce à la naïveté dans la pose de sainte Cécile. L'expression de la figure fait voir le calme de son âme, les deux anges expriment parfaitement la compassion religieuse qu'inspire une mort chrétienne. Ce n'est peut-être pas sans raison qu'on a reproché au peintre un coloris un peu cru et un fini trop soigné.

Ce tableau est le seul de ce maître que possède la galerie de Vienne. Il a été lithographié par le peintre lui-même, et gravé par J. Eissener, dans la galerie publiée par Charles Haas.

Larg., 6 pieds 1 pouce; haut.. 4 pieds 8 pouces.

550.

S^t. CECILIA.

When we published the pictures by Mignard, Raphael, and Guilio Romano, n°s. 10, 31, and 290, we then had occasion to remind the reader that the story of that female Saint offered several doubtful facts. Still it is generally believed that when she suffered martyrdom at Rome, the executioner struck her three times, without being able to cut her head off: he then left her, and the Saint died from weakness, three days afterwards.

This was the last performance done by the painter, John Scheffer of Leonhartshof. The artist deserves praise for having, in the attitude of St. Cecilia, combined grace with simplicity : the expression of the countenance displays the calm of her soul and the two angels perfectly express the religious feeling inspired by a christian death. Perhaps it is not without reason that this painter has been reproached with having a rather crude colouring, and a too minute finishing.

This picture is the only one, by that master, in the Gallery of Vienna. It has been lithographed by himself, and engraved by J. Eissener, in the Gallery published by Charles Haas.

Width 6 feet 5 inches; height 4 feet 11 inches.

NOTICE

SUR

JOSEPH PAELINCK.

Joseph Paelinck est né en 1781, à Oostaker, près de Gand. C'est à l'académie de cette ville qu'il fit ses premières études. Ses rapides progrès l'ayant fait remarquer, il trouva des protecteurs qui lui procurèrent la possibilité de venir à Paris, où il entra dans l'atelier de David.

L'académie de Gand avait mis au concours le sujet du Jugement de Pâris; M. Paelinck concourut à l'insu de son maître et remporta le prix. Il fut alors chargé de faire pour l'église de St.-Bavon de Bruxelles un tableau représentant Ste.-Colette recevant un diplôme pour l'établissement de son couvent, et, pour l'académie de Gand, le portrait de l'impératrice Joséphine.

Après avoir passé quelque temps à Gand, où il était professeur de l'académie, M. Paelinck obtint l'autorisation d'aller en Italie où il resta cinq ans. Il fit alors, pour le palais Quirinal, un tableau représentant les embellissemens de Rome sous Auguste; puis un tableau représentant Jésus-Christ en croix accompagné de la Vierge, la Madeleine et St.-Jean, dont il fit hommage à l'église d'Oostaker.

Revenu dans sa patrie, M. Paelinck se trouva chargé de nombreux travaux, et fut nommé membre des académies de Bruxelles et d'Anvers, puis chevalier de l'ordre du Lion Belgique.

NOTICE

JOSEPH PAELINCK.

Joseph Paelinck is born in 1781, at Oostaker, near Ghent. He practised at first in the academy of that town. His rapid progress being noticed, it got him protectors which afforded him the means of coming to Paris, and getting into David's school.

The academy of Ghent had put up for the concourse the subject of the Judgment of Pàris; M. Paelinck concurred without the knowledge of his master, and obtained the prize. He was then intrusted to perform for Saint Bavon's church at Brussels a picture exhibiting Saint Colette receiving the diploma for the founding of her convent; then for the academy of Ghent the portrait of the empress Josephine.

After having spent a while at Ghent, where he was a professor of the academy, M. Paelinck got leave to go to Italy, where he remained for five years. He then performed for Quirinal palace, a painting representing the embellishments of Rome under Augustus, as also another, exhibiting Jesus-Christ on the cross accompanied by the Virgin Mary, the Magdalen and Saint John, which he made an homage of to the church of Oostaker.

Being returned to his native country, M. Paelinck was desired to make a great number of works, he was nominated a member of the academies of Brussels and Antwerp, as likewise a knight of the order of the Belgium Lion.

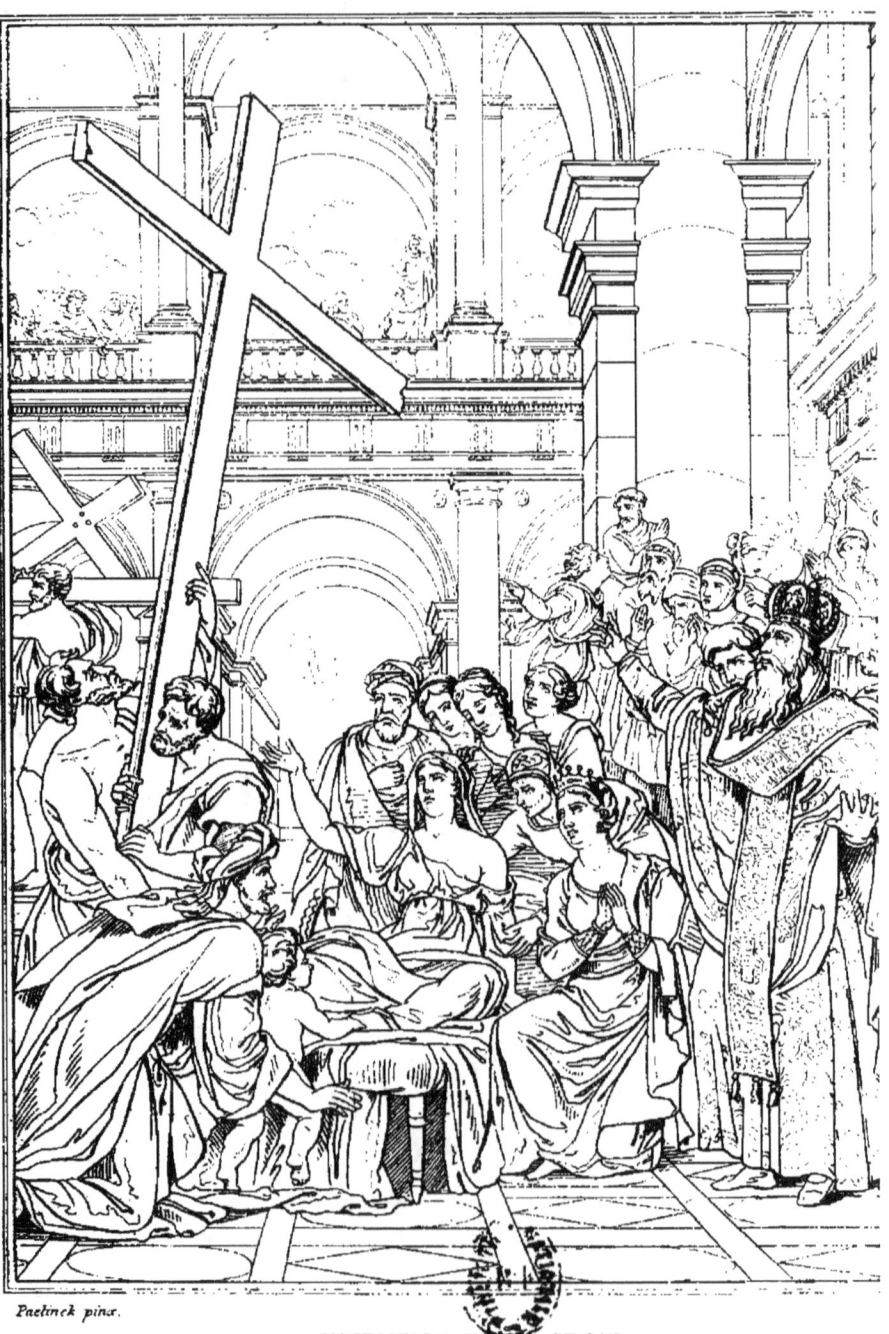

Paelinck pinx.

INVENTION DE LA CROIX.

INVENTION DE LA CROIX.

Constantin le Grand, voulant faire cesser la profanation que les idolâtres avaient établie dans les lieux saints, fit, en 326, le voyage de Jérusalem; sainte Hélène sa mère, se trouvant avec lui, fit abattre le temple de Vénus que l'on avait élevé sur le Calvaire. En faisant des fouilles profondes, on découvrit trois croix de même grandeur; mais, embarrassé pour reconnaître celle sur laquelle le Sauveur avait été attaché, on imagina de toucher, avec chacune d'elles, une femme malade depuis long-temps et qui se trouvait à toute extrémité. La guérison subite de cette femme parut une preuve certaine, et sainte Hélène s'empressa de partager le trésor qu'elle venait de découvrir. Une moitié resta à Jérusalem, l'autre moitié fut envoyée à Constantinople.

Le peintre Joseph Paelinck a placé sainte Hélène un genou en terre, et rendant grâce au ciel du miracle qui vient de s'opérer. Au pied du lit, est le mari de la malade, avec son enfant; à droite, saint Macaire, patriarche de Jérusalem, qui avait suggéré à sainte Hélène le moyen de reconnaître la croix de Jésus-Christ.

M. Paelinck ayant passé trois années à Rome, vers 1810, c'est alors qu'il fit son tableau de l'invention de la Sainte-Croix : il est placé maintenant dans l'église de Saint-Michel, à Gand, dans un des bras de la croix. Il n'avait pas encore été gravé.

Haut., 15 pieds ; larg., 12 pieds.

755.

INVENTION OF THE CROSS.

Constantine the Great, wishing to put an end to the profanation practised by the idolaters, in the Holy Land, under-
took a journey to Jerusalem, in 326. His mother, S^t. Helena,
who accompanied him, caused the temple of Venus, built on
mount Calvary, to be thrown down. Whilst making some
deep excavations, three crosses of the same size were discovered; but puzzled to know upon which our Saviour had suffered, a woman, who had been ill from a long time and who
was at the last extremity, was touched by each. The sudden
cure of this individual appeared a certain proof, and S^t. Helena eagerly divided the treasure she had discovered: one half
remained at Jerusalem, and the other was sent to Constantinople.

The empress Helena is by the side of the bed, on one
knee; her husband with their child is at the foot of the bed:
on the right is S^t. Macarius, the patriarch of Jerusalem,
all return thanks to heaven for the miracle which has just
taken place.

Paelinck having spent three years at Rome, did his picture
of the Invention of the Cross about 1810. It now is placed in
the church of S^t. Michael at Ghent, in one of the aisles.

Height., 15 feet 11 inches; width, 12 feet 9 inches.

755.